T0098883

DERNIERS TITRES PARUS

Christophe AL-SALEH, *Qu'est-ce qu'une couleur ?*
Valérie AUCOUTURIER, *Qu'est-ce que l'intentionalité ?*
Anne BAUDART, *Qu'est-ce que la sagesse ?*
Jiry BENOVSKY, *Qu'est-ce qu'une photographie ?*
Serge BOARINI, *Qu'est-ce qu'un cas moral ?*
Pol BOUCHER, *Qu'est-ce que l'interprétation juridique ?*
Thomas BOYER-KASSEM, *Qu'est-ce que la mécanique quantique ?*
Florent BUSSY, *Qu'est-ce que le totalitarisme ?*
Alain CAMBIER, *Qu'est-ce qu'une civilisation ?*
Alain CAMBIER, *Qu'est-ce que la métaphysique ?*
Patrice CANIVEZ, *Qu'est-ce que l'action politique ?*
Philippe CAPET, *Qu'est-ce que mentir ?*
Jean-Marie CHEVALIER, *Qu'est-ce que raisonner ?*
Anna CIAUNICA, *Qu'est-ce que la conscience ?*
Paul CLAVIER, *Qu'est-ce que le créationnisme ?*
Jean-Pierre COMETTI, *Qu'est-ce qu'une règle ?*
Adélaïde DE LASTIC, *Qu'est-ce que l'entreprise ?*
Guy DENIAU, *Qu'est-ce qu'interpréter ?*
Julien DUTANT, *Qu'est-ce que la connaissance ?*
Michel FABRE, *Qu'est-ce que problématiser ?*
Benoît GAULTIER, *Qu'est-ce que le pragmatisme ?*
Denis GRISON, *Qu'est-ce que le principe de précaution ?*
Annie IBRAHIM, *Qu'est-ce que la curiosité ?*
Fabrice LOUIS, *Qu'est-ce que l'éducation physique ?*
Louis LOURME, *Qu'est-ce que le cosmopolitisme ?*
Michel MEYER, *Qu'est-ce que le théâtre ?*
Michel MEYER, *Qu'est-ce que le questionnement ?*
Anne MEYLAN, *Qu'est-ce que la justification ?*
Cyrille MICHON, *Qu'est-ce que le libre arbitre ?*
Claire PAGÈS, *Qu'est-ce que la dialectique ?*
Claude PANACCIO, *Qu'est-ce qu'un concept ?*
Denis PERRIN, *Qu'est-ce que se souvenir ?*
Julien RABACHOU, *Qu'est-ce qu'un monde ?*
Yann SCHMITT, *Qu'est-ce qu'un Dieu ?*
Alexander SCHNELL, *Qu'est-ce que le phénomène ?*
Jean-Marc STÉBÉ, *Qu'est-ce qu'une utopie ?*
Franck VARENNE, *Qu'est-ce que l'informatique ?*
Joseph VIDAL-ROSSET, *Qu'est-ce que la négation ?*

QU'EST-CE QUE LE QUESTIONNEMENT ?

CHEMINS PHILOSOPHIQUES

Collection dirigée par Roger POUIVET

Michel MEYER

QU'EST-CE QUE LE QUESTIONNEMENT ?

PARIS
LIBRAIRIE PHILOSOPHIQUE J. VRIN
6 place de la Sorbonne, V e

2017

H.-G. Gadamer. *Vérité et Méthode*, trad. fr. E. Sacre,
© Paris, Le Seuil, 1996, p. 393-399.

Imprimé en France
ISSN 1762-7184
ISBN 978-2-7116-2738-7
www.vrin.fr

CHAPITRE PREMIER

LE QUESTIONNEMENT OU LA REFONDATION DE LA PHILOSOPHIE

LE FONDEMENT, C'EST LE QUESTIONNEMENT ET LA PHILOSOPHIE, LA QUESTION DU QUESTIONNEMENT

Le questionnement, en philosophie, est essentiel, et même fondamental. Il a été pratiqué par les plus grands penseurs de tous les temps : Socrate, Platon, Aristote, Descartes, Kant, Hegel ou Heidegger. Ils n'avaient pas les réponses, ils les cherchaient. C'est en procédant de la sorte qu'ils ont été amenés à révolutionner au fil des siècles nos manières de concevoir l'existence, l'univers, et tous les grands problèmes qui se posent à nous, souvent de façon inéluctable, tels que la mort, le pouvoir, le juste choix ou la liberté, le bien et le mal, le vrai et le faux, et aussi le « qui suis-je ? », qui est une question si importante lorsqu'il s'agit de donner du sens à sa vie. Sans parler de l'éthique ou de la politique : que faire avec autrui, sinon pour lui, parfois contre lui ? Philosopher, c'est donc chaque fois questionner, mais penser en général, c'est questionner. Les réponses ne sont jamais « données ». Par qui le seraient-elles d'ailleurs ? Il reste pourtant à définir la philosophie en propre, car si toute pensée commence par questionner, toute pensée ne fait pas forcément partie de la philosophie, pas plus que toute question n'est forcément philosophique. Alors, qu'est-ce qui fait qu'un questionnement est philosophique ? La réponse est claire, au vu de ce que montre bien l'histoire de la philosophie : la philosophie est un questionnement radical. C'est ce mot « *radical* » qui fait toute la différence et caractérise l'aspect philosophique du questionnement. Pensons à la science et comparons-la à la philosophie, qui s'est toujours modelée sur elle depuis les Grecs. Platon avait mis comme devise à l'entrée de l'Académie, où il enseignait la philosophie à ses disciples : « Nul n'entre ici qui n'est géomètre ». La géométrie était *la* science de l'époque et elle avait pour caractéristique formelle distinctive de n'admettre que des propositions *apodictiques* ou nécessairement vraies, c'est-à-dire des affirmations dont le contraire était impossible : il faut choisir entre A et non-A, mais on ne peut pas avoir les deux, ce serait contradictoire. Pourtant, à la même époque, la rhétorique, qui joue avec les positions contradictoires, les oppositions, prenait son envol, notamment sous l'influence des Sophistes, tant critiqués par Platon. Aujourd'hui encore, l'affrontement contradictoire est toujours de mise en politique et au tribunal, il est même considéré comme un droit essentiel. Il faut d'ailleurs pouvoir trancher à la fin du procès entre les plaignants, et déterminer ce qui relève de l'innocence et de la culpabilité, et choisir entre l'accusation et la défense, entre A et non-A qui se font fait face. Dans la vie de tous les jours, on remarque que deux personnes ou deux camps qui s'affrontent ont souvent des arguments valables tous les deux, et qu'ils n'ont pas forcément tort ou raison, mais que c'est un peu des deux pour chacun. Avec Platon, ce serait là la preuve qu'on demeure dans le domaine de l'opinion, de la *doxa*, du commun en somme, alors que si A est vrai, nécessairement non-A ne peut l'être. Il est donc nécessairement vrai que *la* vérité est nécessaire. Mais fonder un tel modèle est-il nécessaire ? Va-t-il nécessairement de soi ? Si la réponse est positive, on nage en plein cercle vicieux, puisqu'on présuppose une norme qu'il convient de fonder. Et si la réponse est négative, on baigne dans la contradiction, vu qu'il n'y a rien de nécessaire à ce que la nécessité doive caractériser la pensée et le discours. L'idéal de nécessité que Platon veut ériger pour le *logos* est donc infondable sans régression à l'infini, et il ne peut donc que s'imposer nécessairement de lui-même, comme par intuition, souvent qualifiée d'ailleurs de divine, mais un tel coup de force pour la pensée n'a rien de philosophique. En philosophie, rappelons-le, on ne peut rien présupposer, tandis qu'en science, on ne peut pas aller de l'avant sans utiliser des présupposés : il faut présupposer des faits, des théories antérieures, des expériences comme de l'observation, sans parler des lois logico-mathématiques. Par contre, la radicalité de la philosophie exige que rien ne puisse venir de l'extérieur pour pouvoir s'instaurer. Elle doit donc s'inventer elle-même au fur et à mesure, à commencer par son point de départ, faute de quoi elle ne sera pas radicale et s'appuiera sur des résultats antérieurs ou extérieurs, dont le choix sera plus que problématique ou en tout cas non justifié, voire même contestable. Et on sera encore renvoyé à du questionnement, questionnement qui s'affirme inaugural de ce fait même et qui se révèle du même coup comme la seule ressource philosophique dont nous disposons d'entrée de jeu. Posons alors explicitement la question du point de départ. Comment la résoudre ?

Philosopher, c'est bien procéder à un questionnement radical, où l'on ne peut présupposer aucune *réponse* préalable, car cela rendrait ce questionnement dérivé. Or, qu'y a-t-il au départ de la question de ce qui est point de départ, sinon le questionnement même ? Toute autre réponse, en tant que réponse, le présupposerait et s'invaliderait du même coup. A la question de ce qui est fondamental, de ce qui est premier, nulle autre réponse, donc, à cette question que le questionnement. Comme on ne peut rien présupposer dans la question de ce qui est premier que ce questionnement même, il faut bien que ce soit cette question même qui nous livre la réponse. Dire que le questionnement est le point de départ, c'est affirmer la première réponse hors-question qui se dégage de ce questionnement. On n'a rien présupposé pour trouver cette réponse. Certes, on pourrait nier, rejeter, évoquer des doutes ici ou là sur la procédure ou ses résultats, mais on questionnerait encore. Aucune réponse sur ce qui est premier ne peut être autre que celle qui affirme le questionnement comme fondement ultime, car toute autre réponse, parce que *réponse*, reviendrait à présupposer le questionnement, qui serait ainsi plus premier que le fondement affirmé tel. D'ailleurs, dans l'idée de point de départ, de ce qui est premier, nous ne devrions pas associer forcément l'idée de fondement, car un tel concept oriente déjà la pensée vers ce qu'il doit être, c'est-à-dire sa fonction, par rapport aux choses ; c'est pourquoi le terme de point de départ convient mieux par sa neutralité. Par le passé, et pour de bonnes raisons, on a pourtant soutenu que c'était l'Être, l'Être suprême ou Dieu, le sujet ou la conscience qui l'étaient, mais ce sont chaque fois des *réponses*, et à ce titre, elle renvoient au questionnement, qui est donc plus premier qu'elles, ce qui, pour cette raison même, les rend invalides. Ce qui est intéressant c'est de savoir pourquoi ces réponses se sont néanmoins imposées dans le passé comme fondements ultimes de la pensée, voire des choses. Elles ont tiré leur validité du refoulement du questionnement, en proposant et en présupposant d'entrée de jeu un modèle non questionné du répondre. Il ne pouvait se penser comme répondre, et ainsi, les réponses sur ce qui est le fondement et le principe ultime des êtres et de la pensée pouvaient faire l'économie du questionnement qui les sous-tendait en tant que telles. D'où l'illusion de leur validité en tant que principes premiers, en tant que propositions allant de soi, se fondant pour ainsi dire elles-mêmes, puisque premières, mais reposant en fait sur un modèle inavoué, implicite, et non questionné de ce qu'est le répondre, un modèle qui veut qu'on ait la réponse dès lors qu'on n'a plus de question (preuve qu'elle est résolue). Le modèle *implicite* est bien celui qui consacre l'idéal de nécessité absolue, apodictique, qui, parce qu'il exclut A *ou* non-A, s'interdit l'alternative, donc le questionnement. Pour une telle vision, arriver à la « seule » réponse est plus important que le fait qu'il s'agisse d'une *réponse*, ce qui, du coup, fait qu'elle n'apparaît plus comme réponse, mais comme jugement ou comme proposition.

C'est de la sorte qu'on voit les choses depuis Aristote, lorsqu'il est amené à codifier le propositionnalisme, avec sa théorie du sujet et du prédicat, dont les emboîtements multiples donnent lieu à des syllogismes, à des sophismes mais aussi à la science. A partir de ce moment, la proposition, comme unité de base de la pensée, ne renvoie plus qu'à elle-même, créant du même coup le dilemme classique du réalisme et de l'idéalisme : le fondement ultime sur lequel se base l'esprit humain est-il en dehors de lui comme objet ou dérive-t-il nécessairement du sujet, l'harmonie des deux résultant de l'intellect divin, qui en serait la source commune ? Qu'attend-on d'ailleurs d'un fondement ultime ? Pourquoi poser l'exigence d'en trouver un, et asseoir ainsi la philosophie dans la quête métaphysique ?

Laissons le sujet comme l'objet sur le côté : ce sont là des constructions tardives dans l'histoire de la pensée. Le fait est que le questionnement que nous questionnons est déjà une réponse à l'Histoire, comme la maîtrise du langage que nous utilisons, ce dont nous prenons conscience historiquement. L'Histoire amène les questions à se dire, à se poser, bouleversant petit-à-petit les réponses, enchaînant le problématique au non-problématique à un rythme accéléré ou lent selon les époques. Mais toujours, l'homme doit trancher, se décider, abandonner, renoncer, se projeter. En fait, l'homme dans sa généralité n'existe pas vraiment. Il n'y a que des « hommes en situation », aurait dit Sartre. Les hommes agissent au sein de structures sociales, avec du relationnel, des exigences de vie et de survie, de l'affect, et l'Histoire ainsi marque toutes les formes de la distance entre les hommes et les choses, ce qui va de la proximité, avec les émotions qui vont avec, à l'éloignement, où ce sont seulement les valeurs générales qui entrent en ligne de compte. Le questionnement ne plonge pas l'homme dans une quelconque l'harmonie de l'idéel et du réel, il met en lumière les différences, les écarts, les distances, comme autant de sources de problèmes qu'il faut affronter, et qui feront des hommes, du monde et de leur relation, des objets de questionnement, où accords et conflits se succèdent, et même coexistent. Mais la métaphysique qui émerge de ce questionnement incessant, rythmé dans l'ordre du collectif par l'Histoire, laissera au bout du compte l'homme, tous les hommes, livrés au questionnement infini que la mort finira par clôturer, encore que ce ne soit que sur le plan individuel. Mieux avoir opté pour les bonnes réponses entretemps, pour que la mort ne rende pas absurde la vie qui a été menée.

Bref, il ne suffit pas de vouloir fonder la pensée, par elle-même ou non, encore faut-il pouvoir déterminer à quoi cela peut conduire. La philosophie, conçue par exemple comme métaphysique, est-elle ce qui fait découvrir ce qui fonde l'ordre des choses, le cosmos, ce qui est, ainsi que ce qui régit la pensée humaine en particulier, avec la possibilité interne pour celle-ci de se penser à la fois première et ultime, pour retrouver la réalité qui la rend possible ainsi que l'ordre entier du visible ? Ou bien s'agit-il de trouver une nécessité à la nécessité en éliminant d'entrée de jeu, a priori donc, tout modèle de pensée qui échappe à la nécessité, ce qu'est le questionnement, qui ouvre sur l'alternative ? Considérer comme « réponse » ce qui élimine les questions, les faisant disparaître au profit de l'un de ses termes répond, certes, au problème de la nécessité (A ou non-A, nécessairement), mais cela suppose paradoxalement, qu'à la base, c'est cela le *problème* inaugural mais non dit du penseur. C'est paradoxal, puisqu'à la base, on trouve toujours un *problème*, fût-ce celui qui vise à éliminer, à refouler, à exclure, tout problème en guise de réponse. On parlera alors d'un néant ou d'une présence refoulée, ou simplement, d'un *refoulement*. Toute l'histoire de la philosophie est travaillée par le refoulement du questionnement, comme réponse et comme norme du répondre et cela a permis de définir la pensée comme ce qui excluait l'alternative, plaquant la philosophie sur le modèle de la science avec ses propositions conclusives, où A doit exclure non-A, ou l'inverse. Il nous faudra bien expliquer cet aveuglement qui a dominé la philosophie, et la pensée en général, depuis deux mille ans et surtout, pourquoi cela a « marché ». La question qui doit alors être posée est celle-ci : si la philosophie est questionnement radical, pourquoi n'a-t-on pas questionné le questionnement avant aujourd'hui ?

La nouvelle unité de la pensée : la dualité question-réponse

Résumons : à la question de ce qui est premier, il n'y a d'autre réponse que le questionnement lui-même, et c'est donc lui qu'il faut interroger. Mais ce faisant, nous répondons. C'est pourquoi il nous faut interroger le répondre, à la fois comme tel, en examinant ce qui le rend possible, et aussi comme ce qui a rendu impossible la thématisation du questionnement en propre, faisant de l'ordre des réponses plutôt un ordre du jugement. Par nos réponses, nous nous découvrons ainsi en train de répondre, mais comme nous nous interrogeons aussi en train de nous interroger, force est alors de constater que cela revient à répondre sur l'ordre du répondre, sur le renvoi au questionnement, sur la différence question-réponse (ou *différence problématologique*) comme sur ce qui la refoule. La nouvelle unité de la pensée n'est plus la proposition, ni le jugement, mais le couple question-réponse. Ainsi, en s'interrogeant sur le questionnement lui-même, c'est l'articulation des questions et des réponses qui devient problème philosophique, voire le problème philosophique par excellence. Cela va bien au-delà de la Raison, ou même de la simple pensée ou réflexion. C'est le *logos* lui-même qui fait problème dans toutes ses manifestations. Quelles questions peut-il traiter ? Comment y parvient-il ? Où voit-on le questionnement à l'œuvre ? La tâche de la philosophie, ainsi renouvelée, est immense, mais nécessaire si l'on veut remettre de l'ordre pour reconstruire la philosophie selon cet ordre interrogatif, une tâche, une exigence qui s'impose à elle comme un problème : le sien.

CHAPITRE II

POURQUOI LE REFOULEMENT DU QUESTIONNEMENT A-T-IL MARCHÉ ? TROIS EXEMPLES : ARISTOTE, DESCARTES ET HEIDEGGER

QUELLE MÉTHODE ADOPTER EN PHILOSOPHIE POUR ARRIVER À DES RÉSULTATS ?

Questionner le questionnement donne lieu à un répondre qui instaure la différence question-réponse, et c'est donc sur elle qu'on va maintenant répondre. On interroge alors le répondre sur ce qui rend possible le questionnement, et à la fois, sur ce qui l'a empêché de se réfléchir jusqu'ici. Répondre découle directement du fait de questionner le questionnement et de réfléchir ce questionnement dans des réponses sur lui, comme si les réponses étaient pliées en lui, et que le philosophe, en le réfléchissant comme tel, le dépliait sous ses yeux. Ce n'est évidemment qu'en philosophie que cela se passe ainsi, car on ne présuppose rien, au départ, pour pouvoir penser le point de départ. Dans la vie de tous les jours, une question est une requête, une sollicitation, où l'on convoque aussi bien les autres que l'expérience ou l'observation, et surtout, un savoir acquis, sédimenté et souvent partagé. Si je demande l'heure à quelqu'un, la réponse aura pour effet de faire disparaître la question, qui donc ne se pose plus. Mais on ne va pas non plus, pour y répondre, interroger cette question. Il convient simplement que l'interlocuteur réponde pour mettre un terme à l'interrogation, et alors seulement, disparaît-elle. En philosophie – et c'est ce qui la caractérise en propre – les questions ne s'estompent pas, puisque les réponses en dérivent et portent sur elles, directement ou indirectement. Le questionnement philosophique est ainsi porteur de son propre répondre qui, différence entre les deux oblige, se différencie, *les* différencie. On ne résout pas une question en en présupposant la réponse, puisqu'il faut toujours pouvoir distinguer, différencier, l'interrogatif du résolutoire, quand bien même obtiendrait-on l'un à partir de l'autre. Être rationnel ne signifie rien d'autre que de pouvoir résoudre les problèmes qu'on rencontre. En philosophie, la *méthode* consiste à pouvoir déduire ou dériver les réponses des questions elles-mêmes, ainsi que nous venons de le faire. Peut-être faudrait-il d'ailleurs parler de rigueur plutôt que de méthode. Si les philosophes par le passé n'ont pas forcément *pensé* et *réfléchi* le questionnement comme questionnement, les grands, qui nous accompagnent toujours, ne l'ont-ils pas moins *pratiqué*. Ils ont déduit leurs réponses de leur propre questionnement, même si, au bout du compte, – et paradoxalement – c'était pour plaquer la philosophie sur le modèle scientifique du répondre où l'apodicticité des conclusions servait à éliminer les alternatives, donc le questionnement. Ce qui, d'ailleurs, a conduit nombre de ces grands philosophes du passé dans une impasse : comment parvenir à caractériser en propre leurs inférences, s'ils ne peuvent que les aligner sur le raisonnement commun, qui refoule les questions parce qu'elles doivent disparaître une fois résolues ? Pourtant, les grands philosophes ont bien perçu que leur propre démarche était d'une tout autre nature que celle des inférences habituelles. On sait que Descartes, par exemple, n'a jamais pu clairement expliquer dans ses *Réponses aux Méditations* quel type de raisonnement caractérisait en propre le *Cogito*, qui devait pourtant être singulier et exemplaire pour fonder les autres. Il ne pouvait présupposer ceux-ci, alors qu'il devait les fonder et les inclure, ce qui a amené Descartes à soutenir malgré cette contrainte que son raisonnement dans le *Cogito* était quand même spécifique. Ce n'est pas un syllogisme, vu les prémisses absentes, d'autant plus que le syllogisme était pour Descartes l'incarnation même de la stérilité. Mais le *Cogito* n'est pas non plus une intuition, et entre ces deux possibilités, il n'y avait rien. Bref, qu'est-ce qui singularise le saut inférentiel de son raisonnement ? Encore au XXe siècle, un philosophe comme Hintikka[1] essayait de différencier de manière adéquate le type de raisonnement auquel on a affaire dans le *Cogito* de Descartes, mais à bien y regarder, la question s'applique à toutes les grandes philosophies en général. C'est le problème du fondement, ou plus exactement, de l'obtention par la Raison de son point de départ, ce qui requiert, pour éviter tout cercle, une approche spécifique, d'autant plus que si le point de départ l'est vraiment, la méthode pour y arriver ne peut qu'en découler, alors qu'on en a besoin pour le trouver. Tout ceci fait en sorte qu'on ne part réellement jamais. Bref, on nage en plein cercle, et pour s'en dégager, il faut

1. J. Hintikka, « Cogito, ergo sum : inférence ou performance ? », *Philosophical Review*, 71, 1962.

sortir du modèle unique de l'inférence et de la pensée tel qu'il s'est sédimenté dans le propositionnalisme.

Quand on ne dispose – ou ne veut disposer – que d'une pensée propositionnelle, qui refoule le questionnement en guise de réponse, se niant donc comme telle, on n'a qu'une seule vision de pensée sous la main, qui est fondée sur la proposition ou le jugement. Cela rend impossible toute caractérisation en propre de la pensée philosophique comme utilisant un raisonnement et un langage spécifiques. Pourtant, faute de pouvoir se rapporter explicitement au questionnement, la singularité du philosophique s'estompe et coule entre les doigts. Cela a fait dire à plus d'un que, comparée à la science, la philosophie piétinait et ne marquait aucun progrès, la science étant prise pourtant comme modèle par la philosophie. Mais on peut se demander aussi si le raisonnement cartésien tiendrait sans le propositionnalisme, vu qu'il cherche à le restaurer et à le fonder, trouvant dans sa dégénérescence scolastique le signe, non de ses failles irréductibles, mais plutôt d'une mauvaise application. Il est vrai que la stérilité des modèles d'inférence scolastico-théologiques est criante à la fin du Moyen Age. Le raisonnement du *Cogito* échappe à cette stérilité parce que problématologique, mais comme il prétend fonder le propositionnalisme, il n'apparaît pas comme problématologique. Cette dimension est avalée par cette « nouvelle méthode », empreinte de l'apodicticité des mathématiques, qui constituait déjà, comme on l'a vu, l'idéal de Platon.

Voyons cela de plus près.

LE COGITO COMME DÉDUCTION PROBLÉMATOLOGIQUE

Appelons *déduction problématologique* cette forme singulière d'inférence de la réponse à partir de la question, du questionner de la question, qui consacre la spécificité du raisonnement philosophique. Comment Descartes procède-t-il ? Il part du doute radical, le *dubito*. Comment distinguer, dans tout ce qui constitue nos pensées et nos idées, celles qui sont vraies et celles qui sont fausses ? Il range dans le même sac celles qui peuvent être vraies, mais sans certitude, et celles qui peuvent être fausses, sans certitude non plus. Il les qualifie toutes deux de douteuses. Faute de critère, dit Descartes, et pour éviter toute confusion, il faut donc douter de tout. Mais ce faisant, une vérité absolument certaine, apodictique, se dégage. Même si on se trompe, on pense, et si on doute, on pense encore. Le « je » qui pense est ainsi affirmé comme « substance », comme « sujet » se retrouvant sans cesse réitéré dans toute pensée : *Cogito, ergo sum*, « je pense donc je suis ». On voit tout de suite que le vrai problème est le suivant : comment est-il possible que le doute soit aussi bien un questionnement que l'expression de ce qui le résout et le supprime ? Pour comprendre ce saut étonnant, cet amalgame, il faut bien reconstruire ce qui est implicite dans le raisonnement auquel se livre Descartes. Quand il dit « Je doute », en réalité il *affirme* son doute qui, du fait que cette affirmation est non interrogative, est hors de doute. Comme penser est, comme douter, affirmer quelque chose, en doutant, j'affirme que je doute et je m'affirme donc en train d'affirmer : Je doute = j'affirme mon doute, donc j'affirme nécessairement la nécessité que j'affirme quelque chose hors doute même quand je doute, une affirmation apodictique, pourtant paradoxale si on y regarde bien, qui ne se dément jamais, car démentir serait penser encore. Bref, je me pense en train de penser, donc je suis, et que suis-je, sinon une « substance pensante » ? Douter ici n'est pas questionner, car, si c'était le cas, en doutant de tout, je ne pourrais plus rien affirmer, ni être certain d'autre chose que du fait que je questionne, et pour un propositionnaliste, le raisonnement s'arrêterait là, c'est-à-dire à une impasse. Or, pour Descartes, ce n'est pas le cas, puisqu'en doutant, je ne puis douter que je pense et je sors ainsi du doute. « Je doute = je questionne » est pourtant la seule réponse qui s'impose, celle qu'il ne veut ou ne peut pas déduire, puisque le questionnement inhérent à ce doute est précisément ce qui échappe à l'ordre propositionnel comme son « autre » dont on ne veut pas. Le « je doute » est un « je pense » qui est un « j'affirme que je pense », donc un « je me pense en train de penser en l'affirmant ». Et comme ainsi, le résultat est nécessairement vrai, la nécessité se voit fondée comme norme du discours conclusif et vrai. Descartes conserve donc le modèle implicite du propositionnalisme, qui veut que l'affirmation vraie soit exclusive de son contraire, de toute alternative, assimilée au douteux alors que selon nous, une alternative incarne du problématique, au travers des alternatives que les questions formulent. L'idée sous-jacente, et jamais mise en question (en doute) en fin de compte, c'est le modèle de la raison proposé, un modèle où, si A est vraie, *nécessairement* non-A ne l'est pas, donc nécessairement A seule l'est, et c'est cette nécessité fondatrice de toute nécessité, de toute science par conséquent, qui se joue dans l'affirmation du *Cogito.* Modèle de toute pensée et de tout savoir, le *Cogito* en est aussi le fondement. Par sa nécessité, il fonde la nécessité comme norme du

« répondre », ce qui fait de l'ordre propositionnel l'ordre unique et nécessaire, avec pour critère de cette nécessité tant recherchée en science, l'exclusion du problématique en guise de répondre, même en dehors de la science. Le *Cogito* en exprime la forme et l'assurance. Mais a-t-on vraiment quitté toute circularité ? *Vouloir* fonder l'ordre propositionnel avec l'apodicticité mathématique de ses jugements, est-elle une volonté elle-même apodictique ? En tant que volonté, désir, ou souhait, cela reste un problème que l'on cherche à résoudre, et il n'a lui-même rien de nécessaire. Et n'est-ce pas alors lui qui précède, en dernière analyse, la démarche cartésienne, à laquelle il donne tout son sens, bien qu'il demeure une évidence implicite et sous-jacente, faisant donc déjà du doute que l'on veut éliminer une assertion propositionnelle, parce que c'est l'interrogativité et le problématique qu'il faut éliminer dans le propositionnalisme pour pouvoir l'instaurer ?

Supprimant toute alternative, le *Cogito* est bien conforme au modèle présupposé de ce qu'est la Raison : si on en doute, on se pense nécessairement en train de penser. Le sujet du *Cogito* est révélateur de tout sujet propositionnel : A ne peut pas ne pas être A. Le modèle d'apodicticité se vérifie apodictiquement, et c'est bien là le problème de la Raison propositionnelle que présuppose son instauration en niant la volonté sous-jacente de résoudre ce problème *comme tel*, alors qu'il est présupposé *comme problème* d'entrée de jeu. La résolution, en se définissant de la sorte, confirme forcément ce qu'elle doit être a priori.

Mais, objectera-t-on, qu'aurait-il fallu faire ? Certes, Descartes tombe dans l'in-*différenciation problématologique*, où nier le questionnement se veut une preuve qu'on l'a résolu. En fait, il aurait fallu laisser la place à la différence question-réponse, en soutenant que, puisque l'on doute de tout, on n'est certain que d'une chose, c'est que l'on questionne, en laissant place à des réponses qui expriment les questions et le questionnement, les *réponses problématologiques*, et à d'autres, qui portent sur leurs réponses, et qu'on appellera *réponses apocritiques* (de *apokrisis*, en grec, qui signifie, *réponse*). Et au lieu du *Cogito*, on aurait eu alors la nécessité de dépasser le propositionnalisme pour aller vers l'*approche problématologique*. Il aura fallu attendre la « mort du sujet », chère à Foucault, pour pouvoir arriver à une telle conclusion, qui constitue le dépassement de toute la philosophie du sujet, développée après Descartes par Locke, Kant et Hegel, et déconstruite par Nietzsche, Marx et Freud, qui ont bien perçu les limites de cette philosophie du sujet comme fondement. Cette mise à distance s'effectue également chez les penseurs Anglo-Saxons en défendant le néo-positivisme logique, centré sur le rapport à l'expérience et au langage plutôt que sur le sujet. En science, le sujet compte peu. Mais les néo-positivistes n'arrivent pas à reconstruire la philosophie, puisque affirmer que toute connaissance vient de l'expérience ou de la logique est une proposition qui n'est ni logique ni expérimentale, preuve que la philosophie se joue bien dans un discours propre, un entre-deux, qui échappe aussi bien au positivisme nouvelle manière qu'à la déconstruction du sujet. Celle-ci, par l'inscription d'un nouveau vide, d'une « différ*a*nce » (Derrida), d'un déplacement du propositionnalisme vers ce qui le rend infondé et infondable, soulève plus le problème qu'il ne le résout. Et même, qu'il ne *peut* le résoudre, puisqu'en dehors de la pensée propositionnelle impensée comme telle, il n'y a *rien.* Comment penser l'absence ou l'effondrement du fondement de la pensée propositionnelle à partir d'elle-même, et seulement avec elle à partir d'elle, puisqu'il n'y a rien d'autre dans sa faille originelle que ce qui n'y est pas, que ce qui se donne comme néant, comme irréalité ? C'est ce qui fait qu'on parle ici de *nihilisme.* Est-ce une raison pour laisser la pensée à la dérive, sans fondement, parce que le propositionnalisme est une forme épuisée de la pensée ? Ce nihilisme occidental, qui va de la « mort de Dieu » à la fragmentation post-moderne en communautarismes et en récits singuliers, a conduit cette pensée à voir dans le questionnement inaugural quelque chose qu'elle ne pouvait réfléchir comme tel, sinon comme une illusion philosophique, celle qui touche à la quête du fondement. Il ne reste plus alors qu'une béance propositionnelle, un « rien », voire même un pur mouvement, presque chaotique, où la littéralité et l'univocité du discours sont sans cesse déconstruites par de multiples voix et lectures. L'univocité, définie comme la présence d'une littéralité unique et monopolistique, n'est plus alors qu'illusoire et fallacieuse, fruit d'un coup de force imposé par l'utilitarisme du commerce quotidien avec les hommes et les choses.

La solution est pourtant ailleurs. Il faut plutôt repenser la pensée que continuer à opérer avec ce qui la précipite vers son propre néant, condamnant toute thèse à se heurter avec toutes les autres qui, faute de fondement, finissent par toutes se valoir. Avec l'approche problématologique, qui met le questionnement au fondement de la pensée, celle-ci peut changer de nature et s'ouvrir sur le socle impensé de ses ressources nouvelles, aujourd'hui encore insoupçonnées. Ce n'est pas l'Être, si cher à Heidegger, qui est en fait vidé de tout contenu propre, projeté qu'il est au-delà de l'*étant*, un Être qui pourtant ne fait que répéter et confirmer, par ce vide, l'incapacité de la pensée à se refonder grâce à lui. De là à errer dans le prophétisme et la mystique de l'Être, oublié avec la soi-disant perte de sens et de civilisation, il y a un pas qu'il faut désormais se résoudre à ne plus franchir – surtout si cela conduit à la barbarie – si l'on veut sauver la pensée occidentale en dépassant ce qui y est épuisé tout en l'ouvrant sur la prise en compte de son interrogativité première. N'était-ce pas, d'ailleurs, ce à quoi Descartes aspirait en son temps, où la pensée scolastique, devenue totalement stérile, empêchait la science nouvelle d'éclore et de se répandre, et que seul un nouveau fondement devait permettre de réorienter? Aujourd'hui, le problème est un peu différent, car c'est la pensée propositionnaliste tout entière qui, ayant régné de Platon à nos jours, Descartes inclus, se doit de changer de modèle. Le propositionnalisme comme norme et conception de la Raison est mort. Le problématologique doit remplacer l'apodictique, ou plutôt, puisque la science existe, doit l'accompagner et le compléter en délimitant des sphères de validité, les questions devant coexister avec les réponses. La philosophie, qui a toujours pratiqué le questionnement radical (sans pour autant le réfléchir *comme tel*), ne pourra se renouveler qu'en se pensant comme interrogativité inaugurale.

LE PRINCIPE DE CONTRADICTION CHEZ ARISTOTE : UNE AUTRE DÉDUCTION PROBLÉMATOLOGIQUE

Parmi les grands révolutionnaires de la pensée, il y a Descartes à l'époque moderne, et Aristote dans l'antiquité grecque. Ici, c'est le principe de contradiction qui est considéré comme le principe ultime. Mais comment le démontrer sans le présupposer? C'est évidemment impossible. Que va faire Aristote ? Inventer la déduction philosophique qui consiste à passer de la question à la réponse en s'appuyant sur le fait de la poser. J'ai appelé cela une *déduction* ou une *inférence problématologique*, mais pour Aristote, qui suit Platon dans le rejet du questionnement et dans sa définition du savoir comme apodictique, propositionnel, le « vrai » est exclusif, et il est donc hors de question de se référer au questionnement. Pour lui trouver malgré tout une spécificité, qui échappe au propositionnalisme, il va appeler sa déduction « dialectique », mais qu'est-ce-que la dialectique sinon une joute oratoire entre un questionneur et un répondant ? Questionnement pratiqué, mais jamais théorisé. Pour Platon, la dialectique pouvait bien encore être scientifique, en raison de son admiration pour Socrate, bien que la dialectique, même si elle se veut scientifique, demeure traversée par le questionnement. Par contre, pour Aristote, la science n'a plus rien de dialectique, elle est syllogistique, ce qui laisse à la dialectique sa nature interrogative ; il en fera même une partie de la rhétorique, qu'on appelle aujourd'hui l'argumentation, attribuant au questionnement un rôle malgré tout ambigu, lié aux abus des sophistes ou, dans le meilleur des cas, à l'établissement des prémisses, ce qui reste extérieur à la science, qui ne commence qu'après, avec les prémisses. Apodicticité, quand tu nous tiens…

Bref, Aristote imagine un questionneur qui décide de remettre en cause le principe de contradiction. Comme sa démarche consiste à en contredire la validité, ce questionneur se contredit lui-même puisqu'il adhère au principe en le contestant, car il sous-entend « C'est moi, qui ai raison, et pas vous ». Du même coup, il vérifie, par cette contradiction qu'il met en œuvre, et à laquelle il doit croire pour être efficace, le principe qu'il rejette, qui en devient irréfutable, puisque réfuter, c'est encore jouer sur l'alternative A ou non-A pour en rejeter l'un des termes. Aristote aurait-il mieux réussi par ce raisonnement sa tentative de fondation de l'ordre propositionnel ? Rien n'est moins sûr. Pourtant, c'est capital d'y parvenir. Le principe de contradiction tel qu'il l'entend est fondamental à cet égard, puisqu'il revient à dire : un juste *logos* ne peut contenir des alternatives, donc se référer au questionnement comme en deçà, donc A *et* non-A n'est pas une alternative, mais, est pour l'ordre propositionnel, le seul qui existe, une *contradiction*, donc quelque chose d'impossible en termes de vérité propositionnelle, quelque chose donc à rejeter et à combattre. Ce ne peut être de la propositionnalité, puisque le vrai est exclusif. Donc, si A est exclusif de son contraire et inversement, cela signifie qu'il n'y a pas de questions ni de questionnement dans le *logos*, qui réduit tout à des propositions, nécessairement vraies ou fausses, prouvant par là-même que la pensée et la raison n'ont rien à voir avec le questionnement, qui acceptent les alternatives seulement comme des étapes, des moments préalables à la juste pensée.

Comme chez Descartes qui, du doute, infère la réponse qui en découle, Aristote déduit de la mise en question du principe de contradiction ce qui le valide et le rend irréfutable, même quand on prétend le réfuter, et parce qu'on le contredit (puisqu'on le met encore et toujours en œuvre). Le problème, chez Aristote, est que la mise en question du principe n'est pas théorisée comme un questionnement, mais se trouve être déjà une affirmation, une proposition. Comme cette affirmation se détruit par là-même, le principe demeure intact quoi qu'il arrive, tel le *Cogito* qui se réaffirme dans sa mise en doute.

Pourtant, à y regarder de près, le raisonnement d'Aristote ne tient pas davantage que celui de Descartes, précisément en raison du propositionnalisme implicite qui est présupposé et défendu de façon circulaire. C'est d'ailleurs facile à voir. Rien n'empêche le « questionneur aristotélicien » d'éviter sa défaite et de se sauver de toute critique en disant, « D'accord, je suis incohérent en contredisant le principe de contradiction, mais cela ne me dérange pas d'être incohérent, puisque je suis contre le principe de cohérence qu'est le principe de contradiction ». A quoi l'aristotélicien fidèle répondra sans doute que, dans ce cas, même cette défense de l'incohérence par ce « questionneur aristotélicien » ne tient pas, puisqu'elle repose sur l'incohérence. A quoi ce questionneur répondra encore la même chose, « D'accord ». Rien ne pourra le faire sortir de sa contradiction s'il a décidé d'être contre, même si…c'est contradictoire. D'autant plus, pourrait-on ajouter. Du coup, le principe de contradiction demeure en question, sauf si l'on attribue à notre questionneur une posture propositionnaliste consistant à faire de son questionnement une proposition déjà habitée par le souci de ne pas être contradictoire. Mais faute de ce présupposé, sa « contradiction » ne devrait pas le gêner, quitte à être incohérent, jusque et y compris quand on le taxe de l'être, un reproche qui ne peut l'affecter.

Bref, on n'en sort pas. Le propositionnalisme ne peut être fondé, dans ses principes mêmes, sans être présupposé au départ. Et pourtant, on l'a vu, – et c'est là tout le paradoxe –, ces grands philosophes se livrent à de belles déductions problématologiques. Ce qu'ils appellent fondement, que ce soit Dieu, le sujet ou l'Être, ce ne sont jamais que des incarnations et des reviviscences du propositionnalisme, ou plus exactement, de la nécessité de fonder la nécessité, dont l'ordre des choses (Dieu) ou l'ordre de la pensée (sujet) sont porteurs, pour d'ailleurs finir par se fondre l'un dans l'autre.

HEIDEGGER ET LA QUESTION DE L'ÊTRE

La question de l'Être serait la question fondamentale de la philosophie, à en croire le penseur allemand. Mais comment savoir même ce que l'on demande, si l'Être est devenu un concept vidé de sa substance depuis les Grecs ? Heidegger se propose de contourner la difficulté en interrogeant celui qui pose la question, et qui par là-même aurait un accès privilégié à l'Être, précisément en tant qu'*être* humain, une démarche qui est d'autant plus difficile que l'Être se présente comme au-delà de tout ce qui peut le spécifier. Il est irréductible au *logos* habituel, centré sur les *étants*, c'est-à-dire ce qu'on appelle communément les êtres. Interroger l'être qui s'interroge sur l'Être reste ainsi la seule voie d'accès pour aller vers l'Être, alors même que l'étant que nous sommes se voile son propre être, en se réduisant lui-même à une quotidienneté préoccupée par mille et autres choses nécessaires à sa survie. Heidegger va alors se focaliser sur l'étude de cette double action de voilement-dévoilement de l'Être par l'étant particulier que nous sommes. Ce faisant, il se livre, comme les autres philosophes avant lui – et c'est ce qui nous intéresse ici – à une *déduction problématologique* des « catégories », non de l'Être, mais des « existentiaux » humains qui font qu'on s'ouvre plus ou moins à l'Être, qu'on en fait plus ou moins un *étant*, comme le proclame la métaphysique traditionnelle. Mais pour Heidegger, le questionnement porterait toujours sur l'Être, directement ou non d'ailleurs. Une question elle-même a un être, auquel on est renvoyé inéluctablement même quand on s'interroge sur quoi que ce soit d'autre. Autant dire qu'on ne peut interroger le questionnement comme tel, puisque que ce serait l'être du questionnement, donc l'Être en général, qui en serait l'objet ultime. Toute interrogation, même si elle porte sur le questionnement, repose sur l'être de ce que l'on questionne. Pourtant, on le sait, Heidegger place très haut le rôle du questionnement, de la question, précisément par ce rôle d'ouverture à l'Être qui se cache dans ses objets, souvent les plus prosaïques. La déduction problématologique consiste ici à inférer de la question de l'Être la question de l'être du questionneur qui s'interroge sur l'Être. C'est alors ce « *qui* » (le *Dasein*) dont l'aspect est central est relevé par Heidegger, et non plus le questionnement lui-même, qui s'efface du même coup. Ce dernier n'est qu'une activité de ce « qui », du *Dasein*, un moment propice ou non au dévoilement, une occasion (*kairos*), et le questionnement se ramène ainsi à l'une des nombreuses modalités du rapport de l'humain au monde comme rapport d'être à être, si l'on peut dire. Au fond, si on est amené à s'interroger sur l'Être, c'est parce qu'il y a un être qui entretient un rapport particulier à lui en tant qu'ouverture à l'Être, mais aussi en tant que voilement. La question de l'Être exprime cette alternative, d'où la déduction problématologique à laquelle se livre Heidegger quand il analyse ce qui va dans le sens de l'ouverture à l'Être (authenticité) et ce qui va dans la direction opposée, le voilement (ou inauthenticité).

Un auteur que Heidegger apprécie beaucoup est Kant. Celui-ci a opéré une *déduction transcendantale des catégories*, dans la *Critique de la raison pure*, pour effectuer la même chose que tout philosophe : une inférence de la question à la réponse : (la synthèse est synthèse des concepts de l'entendement et des formes spatio-temporelles de l'intuition sensible) à partir de la question même («Comment les jugements synthétiques a priori sont-ils possibles ? »). Poser la question, surtout la formuler en ces termes, c'est au fond se donner a priori la réponse – Kant l'appelle une déduction transcendantale –, tout en préservant la différence des deux, ce qui rend novatrice (donc elle-même synthétique) cette réponse par rapport à la question [1].

QUESTIONNEMENT ET HISTORICITÉ

Répondre sur le questionnement, c'est aussi répondre sur ce qui a empêché jusqu'ici de le réfléchir comme tel, un refoulement qui ne peut plus lui-même être refoulé mais analysé. L'historicité du questionnement fait qu'il a été ainsi conceptualisé par d'autres moyens, par d'autres concepts, avant que de pouvoir l'être comme tel, comme questionnement. C'est ce qui permet de souligner qu'il y a une évolution historique qui tend vers une plus grande problématicité de l'Histoire, qui nous fait d'abord prendre conscience de celle-ci comme lieu autonome à la fin du XIX e siècle et enfin, qui nous pousse à questionner le questionnement comme tel à la suite. Car l'Histoire qui s'accélère bouleverse les vieilles réponses, affaiblit celles qu'elle frappe et rend nécessaires de nouvelles. Le problématique qui se généralise, aux fondements notamment, oblige la science à définir de nouvelles réponses, comme elle pousse la pensée à cesser de voir le problématique comme un défaut de la pensée, mais plutôt comme sa positivité même, un champ

1. Sur ce point, voir M. Meyer, *Science et métaphysique chez Kant*, Paris, P.U.F., 1988.

nouveau en somme, prêt à être interrogé à son tour enfin comme tel. Ici, pas question de se focaliser plutôt sur le questionneur, comme *Dasein* heideggérien ou comme sujet cartésien. Il faut prendre le questionnement dans sa structure complète d'interrogation, sans privilégier l'une ou l'autre de ses composantes. Il y a le questionneur, le questionné et enfin, ce qui est interrogé sur le questionné. Cela rappelle le triptyque Soi – le Monde – Autrui, ou, si on se reporte à sa toute première expression grecque, l'*ethos*, le *logos* et le *pathos*.

En posant la question du point de départ, comme nous l'avons fait, nous avons préféré parler de ce qui est premier, car utiliser des termes comme fondement ou comme principe aurait pu suggérer de notre part que nous avions déjà une idée a priori de ce que devrait être l'originaire, qu'il s'agisse d'un premier terme à l'ordre des choses, à celui de la pensée ou encore à ce qui permet d'effectuer le raccord des deux, dont l'idée de Dieu est la traduction philosophique la plus adéquate (chez Spinoza, chez Leibniz, mais aussi déjà chez Descartes). Avec le concept de point de départ, on demeure dans le problématique, ce qu'il est d'ailleurs. Mais dire que le questionnement est premier, et que l'affirmer constitue la première réponse de toutes, n'est pas oublier que ce questionner est lui-même une réponse, une réponse à l'Histoire qui a amené le questionnement à pouvoir se dire tel. Tout aujourd'hui dans notre société est devenu problématique et pose question : les réponses sont multiples, individuelles, communautaires, ou que sais-je encore, mais elles sont toujours variables. Le couple, la famille, la religion, le juste et l'injuste, le bien et le mal, rien n'échappe à l'interrogation. C'est social, politique, culturel, en un mot, historique. Comment ne pas prendre conscience que le questionnement, au travers de cette problématicité généralisée des êtres et des choses, s'est imposé comme *le* problème philosophique par excellence ? Certes, on est libre de ne pas l'interroger et de continuer à agir comme si de rien n'était. Nombre de philosophes ne procèdent d'ailleurs pas autrement aujourd'hui. Cela prouve que la *liberté*, qui est liée au questionnement, n'oblige pas à questionner le questionnement pour autant. Mais avec le problématique qui a envahi toutes nos sphères de vie, il devient absurde de continuer à l'ignorer comme *question*, et c'est ce questionnement qui partout se communique à nos choix de vie et qu'il importe de thématiser, cette fois-ci en propre. Pas de hasard là-dedans. Le refoulement du questionnement qu'on a pu repérer chez Aristote, Descartes ou Heidegger ne relève pas d'un constat d'ignorance, mais de la subordination à un ordre propositionnel qui, vaille que vaille, a continué à se perpétuer en tant que *source et modèle de pensée*. Et ajouterais-je, pour de bonnes raisons. L'homme de la rue, bien évidemment, ne perçoit pas forcément la différence entre des propositions qui font question et des propositions tout court. Il cherche à résoudre ce qui doit l'être, qui sont les problèmes qui se posent à lui. De là à réfléchir sur sa réflexion, à se porter sur les questions elles-mêmes plutôt que vers les réponses et à terme, sur le questionnement, il y a un pas que franchit rarement l'homme du pratique ou des pratiques, et qui sépare le quotidien du philosophique. Le refoulement du questionnement s'explique aussi par les nécessités de l'affairement et de l'habitude. La plupart des hommes cherchent à obtenir des réponses et non à se pencher sur les questions elles-mêmes, car cela ne les ferait pas avancer d'un pas vers la résolution, sauf à avoir déjà adopté la posture philosophique. Qui ne préfère les certitudes du répondre aux incertitudes angoissantes du problématique ? On questionne pour répondre, non pour côtoyer encore et toujours le questionnement.

Pourquoi ne peut-on parler de questionnement, en philosophie, sans se référer à l'historicité, historicité du refoulement du questionnement, déplacement de ce dernier vers d'autres concepts qui dissimulent tout renvoi à l'interrogatif? En fait, ces déplacements de concepts, comme ceux de sujet et d'objet, d'intelligible et de sensible, ou d'Être et d'étant par exemple, ont une fonction : mettre en scène une différenciation problématologique nécessaire pour comprendre l'acquisition et l'extension du savoir, sans avoir à recourir à un nouveau modèle de pensée centré sur la thématisation expresse de cette différence en termes de questionnement. La conceptualisation du questionnement en propre est cependant devenue « nécessaire » à notre époque, moyennant quand même la liberté de nos contemporains à persévérer dans les vieux schèmes de pensée hérités du propositionnalisme. La question du questionnement vient *répondre* à des problèmes historiques qui font en sorte qu'on ne peut plus ignorer qu'on la dise la *première* des questions en philosophie. Certes, toute question suppose des connaissances préalables, ne fût-ce que celles liées à l'usage du langage comme à la nécessité préalable de la poser, et qui ont ceci de commun qu'elles s'enracinent dans d'autres réponses. Une question n'est jamais première dans l'ordre de l'historique, même si elle l'est dans celui du philosophique, ce qui définit ce dernier en propre. Une question est donc aussi une réponse, mais en un sens différent, ce qui est une raison de plus pour respecter la *différence problématologique*, de la repérer, d'en identifier les termes concrets, afin de se prémunir de toute confusion. Peut-être faudrait-il plutôt parler d'Histoire que d'historicité ? Celle-ci est la manière dont nous rencontrons ou refoulons l'Histoire, car la refouler (ou non) en fait partie. C'est un possible de l'Histoire. Ce rapport, cette réponse à l'Histoire, qui permet aujourd'hui de pouvoir la thématiser en propre en tant que discipline historique, ainsi que nous le faisons depuis la naissance des sciences humaines au XIXe siècle, depuis le constat de la mort du sujet pur, extérieur et en survol, cela fait partie de l'historicité. Tout comme l'obsession actuelle de l'instant présent, de la rapidité, tombe également à l'intérieur de l'historicité. La base de la dichotomie entre questionnement et historicité tient essentiellement à ce que le questionnement est premier *sur le plan philosophique*, puisqu'il en est le point de départ absolu et incontournable («Pas de réponse sans question préalable, qui lui donne sens, orientation, et même sa définition ») et d'autre part, pas de question qui, *sur un autre plan*, ne vienne s'inscrire au bout d'une chaîne de questions et de réponses qui, à un moment ou à un autre, conditionne les questions qui se posent. *Premier philosophiquement, le questionnement ne l'est donc pas historiquement*, et c'est ce que l'historicité recouvre et intègre comme scission. Thématiser l'historicité, pour le philosophe, c'est s'apercevoir de cette double réalité qui marque le questionnement, et qui fait de la philosophie un domaine propre, avec son originaire bien à elle malgré l'Histoire qui la précède. La philosophie naît en réponse à l'Histoire en s'instaurant en originaire par rapport à elle, quitte à revenir vers elle par après.

CHAPITRE III

LES PRINCIPES DU QUESTIONNEMENT COMME PRINCIPES DE L'ORDRE DES RÉPONSES COMME TEL : LE DÉPASSEMENT DE L'ORDRE DES RÉPONSES CONÇU COMME ORDRE PROPOSITIONNEL

LES GRANDS PRINCIPES DE LA PENSÉE

Depuis Aristote, la question de savoir ce qui rend possibles la pensée et l'accès aux choses grâce à ces principes est essentielle en philosophie, même si ces principes semblent « évidents » pour chacun d'entre nous : être cohérent dans ce qu'on dit, ne pas se contredire, pouvoir se justifier, ce sont là des impératifs de comportement qui relèveraient, à la limite, de la bonne santé mentale. Derrière eux, se cachent respectivement les principes d'identité, de contradiction et de raison suffisante. On pourrait ajouter le principe du tiers-exclu (entre A et non-A, pas d'autre réponse possible), mais on voit bien qu'il découle du principe de contradiction puisqu'une réponse sert à trancher une alternative et à en rejeter l'un des termes. Cela n'empêche pas les gens de se contredire, ni même de contredire les autres, chacun étant convaincu d'avoir raison. Ces principes ne sont donc pas si évidents, et leur nombre non plus. Pourquoi ces trois principes-là, comme dirait Aristote, seraient-il les principes suprêmes de toute pensée possible, avec une priorité clairement attribuée au principe de contradiction ? En quoi sous-tendent-ils et constituent-ils même le *logos*, la pensée, la raison ? On est en droit de s'interroger sur cette question éminemment philosophique. Pourquoi ces trois principes sont-ils fondateurs ? Pour répondre à cette question, examinons-les de près. Qu'affirme le soi-disant « principe suprême » ? A ou non-A : si une proposition est vraie, nécessairement l'autre ne l'est pas. Cela semble évident, mais ce ne l'est pas : il s'agit d'une formulation « engagée ». En fait, dire qu'on exclut l'alternative de l'ordre des réponses, au point de la condamner comme contradiction, ne revient en fin de compte à rien d'autre qu'à définir ce qui vaut comme réponse, sans que cette définition le dise comme tel, puisqu'on n'est plus dans un ordre du discours qui fasse la différence (problématologique) entre réponses et questions. Une réponse, formellement, n'est pas une question, ce qui signifie que ce n'est pas une alternative, donc on a A *ou* non-A, nécessairement. Le principe de contradiction stipule simplement qu'une réponse n'est pas une question, et que si on est quand même face à une alternative, vu que l'ordre propositionnel ne connaît que les « réponses », cela suffit à la disqualifier comme réponse. Celle-ci, par définition, doit avoir éliminé l'un des termes opposés. Faute de quoi, on est en présence d'une question déguisée. Pour la pensée propositionnelle, la question n'est qu'un mode particulier d'affirmation, ce qui fait que plutôt que de parler de question comme telle, donc d'alternative, on doit plutôt dire « contradiction », et des propositions qui s'opposent se détruisent comme telles. Le paradoxe du propositionnalisme est que si x est

A, x ne peut pas *ne pas* être tel qu'il est, à savoir, ici, A, alors que x peut être bien des choses. Socrate est certes nécessairement Socrate, mais tout ce qu'il est, à savoir grec, chauve, mort en 399 av. J.C., etc. est purement contingent, et Socrate aurait pu donc ne pas être ce qu'il est tout en devant être tout ce qu'il est pour être Socrate.

Bref, l'identité découle de la non-contradiction, et c'en est même la *raison* : du coup, avec le principe de non-contradiction, on a simultanément le *principe d'identité* et le *principe de raison.* Ces trois principes se fondent mutuellement et circulairement : la pensée propositionnelle ne peut se fonder elle-même ; or, en dehors d'elle, il n'y a place pour *rien* d'autre. L'essence de A, disait Platon, est ce qui fait (raison) que A est ce qu'il est (identité) et qu'il ne peut pas ne pas l'être (non-contradiction). Identité, raison, contradiction sont trois principes qui renvoient les uns aux autres, même s'il faut des principes pour cela, précidément en vertu du principe de raison. On est en plein cercle : chaque principe « fonde » les deux autres. Qu'est-ce qui justifie ces principes, sinon un principe plus premier, qui devrait s'appuyer sur eux pour remplir sa tâche ? Bref, ils doivent s'imposer de manière « immédiate », intuitive, et aller de soi, car on tourne en rond si on veut en justifier un sans présupposer les deux autres. Comme dirait Heidegger, la raison peut rendre raison de tout sauf d'elle-même : et faute d'y parvenir, on tombe dans une régression à l'infini.

Il existe pourtant une justification pour ces trois principes, mais comme elle ne peut pas être d'ordre propositionnaliste, cela exige leur reformulation, appuyée sur une nouvelle interprétation, une nouvelle vision du rôle qu'ils jouent. On doit abandonner le cadre du propositionnalisme, si on veut sortir de l'impasse qu'il implique. Seule, on l'a vu, la *problématologie* a satisfait à cette exigence de fondation, sans circularité ni régression.

Il importe tout d'abord de remarquer qu'on se trouve ici en présence de trois principes qui se justifient du fait qu'ils régissent le questionnement. Le principe de contradiction dit qu'on ne peut avoir A *et* non-A, car ensemble ce ne sont pas des réponses, mais une alternative. Une réponse, c'est A *ou* non-A. C'est logique, puisqu'une réponse, par définition, *n'est* pas une question. Deuxième principe, celui d'identité : l'identité de ce *dont* il est question importe pour définir un ensemble de questions qui forment une chaine de sous-questions au cours de la résolution. C'est *ce qui* est dans ce qui évolue au cours de la résolution, car c'est un même « cela » dont il y est question tout au long (c'est une *isotopie*, aurait dit Greimas). Troisième principe : tout n'a pas une raison, comme on le lit trop souvent, car si tout a une raison, le tout doit en avoir une et en dehors de tout, il n'y a plus rien. De plus, même la première d'entre elles en a une et alors elle n'est plus la première, ce qui est contradictoire. Bref, il faut plutôt dire : « Toute *réponse* a une raison », et au bout du compte, cette raison est une question. Le principe d'identité régit les questions, celui de non-contradiction définit les réponses en tant que telles, et le principe de raison caractérise le passage des questions aux réponses, la raison d'une réponse étant donnée par la question à laquelle elle est réponse (ou à laquelle on dit qu'elle l'est en vertu de cette question).

LES PRINCIPES DE L'ORDRE DES RÉPONSES COMME ORDRE PROPOSITIONNEL EN TANT QUE CAS PARTICULIER DE L'ORDRE DES RÉPONSES COMME TEL

Quelle est la grande différence entre notre formulation de ces principes – la raison pour laquelle ils sont au nombre de trois est maintenant claire – et celle, habituelle, qu'en donne le propositionnalisme ? Soyons lucides : les principes tels qu'ils ont été classiquement formulés par le propositionnalisme sont en réalité des particularisations, propositionnalisantes et anti-problématologiques, des grands principes qui régissent le questionner et le répondre, donc la pensée. Ils sont les principes d'une effectuation résolutoire, de ce qu'on a appelé l'effectivité, d'où le questionnement est absent, parce que le problème n'est pas dans ces moments-là de se retourner sur les questions elles-mêmes, mais tout simplement de répondre sans se retourner en arrière. Voilà l'origine de cette formulation propositionnaliste des grands principes de la pensée, principes qui, codifiés par le propositionnalisme, conduisent à des impasses et à des contradictions, parce que la pensée ne peut être faite seulement de propositions, c'est-à-dire de « réponses » se niant comme telles.

A y regarder de près, la formulation classique des principes de l'ordre du jugement a une portée théorique qui vise à faire de l'effectivité l'unique modèle de résolution, en supprimant toute référence au questionnement, afin de rendre l'ordre propositionnel auto-suffisant. « Tout a une raison », y compris le principe qui le dit, pour que cet ordre soit fermé sur lui-même, avec une cause première (celle que Nietzsche appelait la *causa sui*) qui se soutient de la nécessité qu'il est censé instaurer.

Par là, se trouve instauré, à titre de norme même, le monde du répondre qui ne se réfléchit pas, qui propose, décide, juge, rationalise. C'est l'*effectivité* des réponses qui se dégage de la résolution, de son effectuation, qui importe. Son objet est *ce* dont il est y question, le *cela* du monde objectif, phénoménal, mais ce n'est jamais la question même. Le référentiel, l'objectif, le vrai, la « réponse » (sans plus de question), tels sont les points d'ancrage du propositionnalisme. L'idéal recherché, c'est le « répondre » qui marche, qui progresse vers des résultats, comme cela se voit en science. Seul ce répondre, et la vision réfléchie qu'il extériorise mais qu'il implique, est considérée comme fiable, parce qu'il identifie du stable derrière le changement et les variations du monde sensible. L'historicité des principes relève, elle, de la seule philosophie, qui ne nie pas l'effectivité du répondre, qui abolit les questions une fois celles-ci résolues, mais qui pense ce processus à l'intérieur de la réflexion sur le questionnement comme étant une modalité parmi d'autres du répondre. Il est un autre questionnement qui répond en thématisant les questions, qui est aussi un répondre, *problématologique* cette fois, et non pas *apocritique* : c'est le questionnement philosophique. L'important est de maintenir la différence problématologique constante et de toujours pouvoir démarquer les réponses des questions, ce qui ne passe pas forcément par leur abolition. Arriver à les *dire* distinctes est aussi une façon d'éviter l'amalgame et la confusion, donc d'accéder à du répondre. C'est la forme la plus atténuée de refoulement problématologique. Plus le questionnement peut et « doit » se dire avec l'Histoire qui s'accélère et problématise tout, plus le répondre est amené à prendre le problématique pour objet. D'où la philosophie qui devient problématologie. Ce faisant, le répondre démarque et contient questions et réponses en les conceptualisant telles. Le *refoulement problématologique*, qui est donc le mécanisme qui assure la constance de la différence question-réponse à travers l'Histoire, modalise celle-ci. On comprend bien que ce refoulement épouse les variations de l'Histoire tout en traduisant l'historicité de la différenciation de la différence problématologique qui, elle, n'est pas variable. L'historicité est même l'expression de la variabilité historique de la différence problématologique pour qu'elle demeure constante.

CHAPITRE IV

REFOULEMENT PROBLÉMATOLOGIQUE ET REFOULEMENT APOCRITIQUE : LES ARTS ET LES SCIENCES

RÉPONDRE SUR LE QUESTIONNEMENT EN TANT QUE RÉPONDRE SUR L'ORDRE DES RÉPONSES

En questionnant le questionnement, nous nous découvrons en train de répondre, et comme nous répondons sur ce que nous faisons en faisant cela, nous répondons sur le répondre, c'est-à-dire, puisque répondre il y a, donc renvoi au questionnement, nous répondons sur la différence question-réponse. Comment le répondre a-t-il été conçu jusqu'ici et comment doit-il l'être désormais ? Le répondre qui se refoule comme répondre n'en a pas moins *effectué* la différenciation problématologique au travers de l'ordre propositionnel, en rejetant ce qui relevait du questionnement dans l'ordre de l'implicite. L'effectivité est le résolutoire qui ne se pense pas comme tel, mais qui se centre sur *ce qui* est répondu plutôt que sur le fait qu'il a été *répondu*. L'effectif de l'effectivité est ce qu'on appelle communément l'objet, la chose, la réalité.

Plus l'Histoire s'accélère, plus le questionnement peut se dire, mais toujours pour éviter la confusion du problématique et du non-problématique, cela s'effectue sous la contrainte d'une constante, celle de la différence problématologique. Dès lors, plus le problématique s'impose à l'attention, plus le questionnement doit pouvoir se dire comme tel. L'ordre des réponses doit contenir en lui les principes de sa possibilité *mais aussi de son refoulement* comme *répondre*, et nous avons montré que, pour cela, il fallait qu'il y ait trois principes distincts, l'un pour les réponses, un autre pour les questions, et un troisième pour les relier. L'historicité concentre à la fois le refoulement du questionnement et l'affaiblissement de ce refoulement au fil de l'Histoire. N'est-ce pas paradoxal ? Le refoulement problématologique présente en fait un double aspect. Il garantit la mise à distance hors de l'ordre des réponses des questions, ce qui préserve la différence problématologique et rend possible son effectivité dans le répondre. Cette effectivité se traduit dans la focalisation sur *ce qui* (le réel) fait question, plutôt que sur le questionnement ou le répondre. L'effectivité dirige le regard sur *ce qui* fait question, offrant une perception sur le réel dont il est question, et non sur la question, ou sur la réponse en tant qu'elle y renvoie. Son *objet* est ce qui importe. Donc, le refoulement problématologique comme mise en œuvre (effectuation) de la différence problématologique doit être constant, alors même que, selon un autre aspect, il varie avec l'Histoire, ce qui rend tout plus problématique, au risque de laisser se mêler le problématique avec les réponses. D'où le doute cartésien, qui est parfaitement justifié dans un tel contexte d'accélération de l'Histoire. La confusion question-réponse a d'ailleurs une autre conséquence, à savoir un *refoulement apocritique* compensatoire (recherche de l'être fort), fondé sur le langage mathématique qui exclut toute problématicité (traduite en être faible, comme la ressemblance) par l'apodicticité du discours, comme on le trouve dans les sciences de la nature.

L'INDIFFÉRENCIATION PROBLÉMATOLOGIQUE

Faute de pouvoir démarquer et distinguer les questions et les réponses, on s'agrippe aux vieilles réponses sans percevoir qu'elles ne tiennent plus. Cela peut d'ailleurs être une source de conflit idéologique, et ce qui caractérise dans ce cas l'opposition entre « conservateurs » et « progressistes » tient au fait que les premiers transforment, délittéralisent les réponses caduques pour les conserver et les véhiculent en les exprimant de façon figurative, pour mieux détourner le choc de l'Histoire, alors que les seconds admettent le changement de réponses. La validité des réponses qui font question est préservée en affirmant qu'on ne peut plus les prendre au pied de la lettre. Les identités s'affaiblissent et les métaphores prennent alors leur place. Ce procédé est courant. Mais très souvent, il n'y a pas d'intention politique derrière la confusion question-réponse, mais une inadaptation au monde qui change et qui exigerait de nouvelles réponses, pour répondre précisément aux anciennes qui sont, elles, devenues de réelles questions et donc requièrent d'autres solutions. La métaphorisation des vieilles identités en identités faibles, analogiques, sont basées, comme dit Foucault, sur la ressemblance, la similitude, l'analogie, prises au départ pour argent comptant, ce qui est inévitable et n'a pas forcément pour objectif de préserver à tout prix les vieilles réponses. Elles peuvent aussi rester littéralement vraies pour ceux qui y adhèrent. Mais quand on se rend compte que ce ne sont plus que des métaphores, ce qui arrive inexorablement, d'autres réponses doivent alors être fournies. Au début de l'affaiblissement des vieilles réponses, la métaphorisation est rarement perçue comme telle. Mais finalement, les métaphores éclatent pour ce qu'elles sont, à savoir des façons de s'exprimer sur une question sans pour autant la résoudre, au point que les métaphores finissent par devenir de plus en plus énigmatiques. Aristote disait même qu'en cela elles étaient propres à la tragédie, où le métaphorique, à un moment donné, finit par éclater dans ce qu'il couvre d'inacceptable.

Les grandes époques d'accélération de l'Histoire ont vécu ces moments de transition, où voisinaient les vieilles réponses, devenues problématiques, et les nouvelles, entraînant dans cette indifférenciation provisoire des confusions tragiques. Le théâtre de Shakespeare illustre ce phénomène à merveille, comme *Don Quichotte* à la même époque, où l'on voit notre chevalier errant mélanger lui aussi les idéaux appris des romans de chevalerie hérités du passé avec la réalité du moment, alors que l'idéal chevaleresque a complètement disparu. Pour lui, pas de doute ni de confusion, la confrontation ne lui fait pas percevoir la nécessité de changer, alors qu'au théâtre, par exemple chez les personnages shakespeariens, le doute finit par s'installer (et donc le conflit), alors qu'il est absent dans l'esprit du Chevalier Errant. Pensons ainsi à Hamlet. Quel est le véritable problème d'Hamlet ? L'indécision, l'irrésolution. *To be or not to be* : agir ou ne pas agir. Quelle est la bonne réponse à adopter ? Hamlet, on l'a souvent dit, est le héros de l'irrésolution, de la confusion, ne sachant pas vraiment quelle réponse devrait être la sienne. C'est là le sens du monologue de Hamlet, dont on rappellera seulement le début.

> Être ou ne pas être. C'est la question.
> Est-il plus noble pour une âme de souffrir
> Les flèches et les coups d'une indigne fortune

Ou de prendre les armes contre une mer de troubles
Et de leur faire front et d'y mettre fin ?[1]

Mais Hamlet n'est pas le seul à être plongé dans l'indifférenciation problématologique, où se mélangent, du fait de l'accélération de l'Histoire, des réponses problématiques et d'autres qui ne le sont pas. Cette difficulté à faire la différence (problématologique) est caractéristique de la tragédie shakespearienne. Où est la bonne réponse ? Telle est la question que doit résoudre chaque fois le héros. Pensons cette fois à Lear. Ici aussi, on est face à un personnage plongé dans l'Histoire comme roi et qui, par vanité peut-être, puisque plus rien n'est sûr désormais, veut tester l'amour de ses filles en leur demandant si elles l'aiment vraiment. Régane et Goneril vont lui tenir de beaux discours, de vraies déclarations d'amour filial. Charmé, il va tomber dans le panneau, ne parvenant plus à faire la différence entre réponse vraie et réponse problématique, celle-ci n'étant réponse que par la forme. En réalité, elles veulent prendre sa place, et leur mensonge est la première étape dans ce long combat. Seule Cordélia, mariée au Roi de France, lui tient un langage d'affection, sobre mais profondément sincère, sans exagération aucune. Lear n'y voit, par comparaison, que froideur et distance. Choqué, il décide de partager ses pouvoirs entre ses deux premières filles, excluant Cordélia, trop réservée dans son « amour ». « J'aime votre Grandeur, dit-elle, comme c'est mon devoir (*according to my bond*), ni plus, ni moins »[2].

1. Shakespeare, *Hamlet*, Acte III, scène I, trad. fr. Y. Bonnefoy, Paris, Gallimard, 1957.

2. Shakespeare, *Le roi Lear*, Acte I, scène I, trad. fr. Y. Bonnefoy, Paris, Gallimard, 1965.

Lear, furieux, répond : « Comment, comment, Cordélia? Corrige un peu tes paroles, sinon tu gâtes tes chances. [...] Si jeune et si peu aimante? ». Bref, ajoute-t-il, « Je désavoue tous mes devoirs de père, les liens du sang et de la parenté, et te tiens dès à présent étrangère à mon cœur ». Peu à peu, Lear perdra d'ailleurs ce qui lui reste de raison, et ses deux premières filles, ambitieuses, n'auront de cesse de le supplanter. Ce que lui annonce son Fou : « Jamais les fous n'ont eu moins de chance car les sages sont fous à lier. Aujourd'hui, ils se torturent les méninges pour les singer » [1]. La folie, ici, est la conséquence ultime qu'il y a à ne plus parvenir à distinguer, à différencier les questions des réponses, les affirmations qui nous interpellent et appellent de nouvelles réponses parce qu'elles n'en sont pas, et les affirmations qui, elles, sont de vraies réponses, fiables et justes. On est à cette époque dans un grand moment de confusion liée à l'accélération de l'Histoire, où le problématique peut passer aux yeux de certains pour du non-problématique. Tromperies et manipulations (Tartuffe) semblent alors inévitables, faisant même rire, sans oublier le rôle récurrent de la magie qui se fait passer pour science (*cf.* le *Dr. Faustus* de Marlowe) avec qui la rivalité demeure forte (Galilée). Bref, il est devenu difficile de séparer le bon grain de l'ivraie. Charlatans et faux savants, rois légitimes et usurpateurs, obsédés du pouvoir et praticiens de la violence, se mélangent comme les vieux savants aux nouveaux savants ou comme les hommes fourbes aux honnêtes hommes. Le théâtre a fait de cette thématique son domaine de prédilection de Shakespeare à Molière. En politique, cela donne les conflits dominés par les

1. Shakespeare, *Le roi Lear*, Acte I, scène IV.

passions (Hobbes et Spinoza). Descartes, en mettant le problématique et le faux dans le même sac, s'évite d'avoir à les différencier, et sans doute faut-il voir dans la recherche d'un critère unique de réponse qui définirait le répondre une fois pour toutes ce qui devrait lui permettre d'éviter toute confusion possible. Ce sera le langage mathématique qui sera le nouveau garant et le seul critère de démarcation, et il devra fournir un type de certitude qui deviendra même le modèle unique des réponses dans tous les domaines du savoir, du moins autant que faire se peut. C'est un peu court, vu tout ce qui est laissé de côté, mais la mathématisation, quand elle est possible, a au moins le mérite de « marcher ». Voyons donc dans ce renforcement de l'identité, de certaines identités, le contrepoids de son affaiblissement en analogies et en similitudes par ailleurs. Les choses changent, elles ne sont plus littéralement ce qu'elles sont, et elles ne le sont plus que métaphoriquement, ce qui les sauve en un certain sens, en les livrant à l'art, qui se construit avec des métaphores, des images, de la ressemblance, des analogies. Mais pas la science. Si le refoulement problématologique diminue, parce que ce qui est n'est plus tel qu'il est, si ce n'est au sens figuré, la littéralité, elle, a besoin d'un nouveau ressort, et ce renforcement de l'identité en nouvelles identités sera donc le fruit d'un *renforcement apocritique* (*apokrisis* = réponse) accru. Il fait pièce au refoulement problématologique qui diminue et laisse le questionnement passer dans les réponses et comme réponse, sans qu'on puisse les distinguer à coup sûr (Descartes). Le refoulement apocritique, lui, est ce coup sûr, et c'est lui que le savant préfère, puisqu'il fonde la nécessité de déployer des identités formelles rigoureuses. Grâce à lui, l'identité en chimie devient la forme de cette nouvelle science (Lavoisier le dit bien : rien ne se perd, rien se crée, tout se transforme) alors que l'identité faible et analogique qui règnait sous la forme d'alchimie ne faisait que divaguer. C'est mieux d'avoir une physique qui se mathématise que des vieilles considérations tirées d'Aristote et de la scolastique médiévale pour expliquer le monde, surtout le monde en mouvement. Bref, la science moderne se constitue dans et par le refoulement apocritique qui se renforce, comme les arts et les lettres renaissent d'un refoulement problématologique qui s'affaiblit. A la jonction, cela donne les drames issus de la confusion des questions et des réponses, et il n'y a pas que Shakespeare pour les décrire. C'est, de façon générale, l'âge d'or de la tragédie.

Le théâtre a un rôle bien précis dans le regard que chacun se voit amener à porter sur la société, lorsque tout bouge et que les valeurs soi-disant les mieux établies deviennent à leur tour problématiques. Les individus ne perçoivent pas tous cela au même rythme et n'en tirent pas forcément le même enseignement. Percevoir l'Histoire en filigrane n'est pas chose aisée et tirer d'une multitude de petits changements une ligne directrice est tout aussi compliqué. Le théâtre, où s'affrontent l'ancien et le nouveau, a précisément cette fonction, non du fait d'une intention quelconque, mais simplement parce qu'il s'empare d'une question, où cette alternative de l'ancien et du nouveau est pleinement à l'œuvre, obligeant le spectateur à rire ou à pleurer, à compatir ou à rejeter, lui faisant prendre de la distance là où, sinon, il manquerait de recul. Quand les puissants – rois, dieux, princes – s'emparent de l'Histoire, ils métaphorisent les valeurs qu'ils vont fouler à leur pied afin de les délittéraliser. Ils les réinterprètent en fonction de leurs ambitions et de leurs désirs. Cet excès de métaphoricité finit par éclater devant l'opposition que suscite la prise à la légère des valeurs de base de la société, et le conflit avec ceux qui ne s'en laissent pas conter finit tragiquement par la chute du héros. Macbeth, Richard III, Œdipe, pour ne citer qu'eux, ne peuvent que tomber pour ne pas avoir pris au pied de la lettre le « tu ne tueras point » ou l'interdit de l'inceste et l'horreur du parricide. Chevaucher l'Histoire, les différences qu'elle apporte, ne peut se faire au point de problématiser tout ce qui est vital et constitutif – on dirait aujourd'hui, *légitime* – dans une société. Il faut donc bien se garder de rendre caduques et problématiques ces valeurs. A l'inverse, dans la comédie, les personnages qui font rire ne réussissent pas à saisir les différences qui s'imposent désormais. Ils cultivent les vieilles identités au mépris des problématisations qui les affectent, et cet excès de littéralité finit par faire rire tous ceux qui, tel Don Quichotte ou les victimes de Tartuffe, persévèrent dans leur obstination à tout prendre au pied de la lettre sans y voir malice, jusqu'au jour où leur bêtise, leur innocence ou leur crédulité les rendent ridicules [1].

ET LES ARTS ?

Revenons à l'art de la Renaissance. Avec le Moyen Age finissant, l'Histoire s'accélère à nouveau, semblant se reprendre elle-même à zéro, d'où le retour à l'Antiquité classique. Ce qui est, en fait, n'est plus identique à soi que métaphoriquement : l'Histoire, par définition – et il s'agit d'une définition minimale – c'est

1. Sur tout ceci, voir M. Meyer, *Le Comique et le tragique. Pour une histoire du théâtre*, Paris, P.U.F., 2003, et *Qu'est-ce que le théâtre ?*, Paris, Vrin, 2014.

la différence, et bien sûr, son rythme, ici et là. Au début du processus d'accélération, on ne perçoit d'ailleurs pas la métaphorisation come telle : les analogies, les similitudes, les ressemblances – en un mot l'être qui s'affaiblit – sont prises pour argent comptant et ne sont pas perçues comme telles. Après, il en va autrement. Ce ne sont plus des réponses. L'écart se creuse alors entre les réponses réalistes et celles qui sont figuratives, plus énigmatiques, épousant l'historicité plutôt que la réalité. Mais il y a les deux, comme on le voit bien en art, à la Renaissance, surtout si on prend la peinture pour exemple. On observe un double mouvement, d'ailleurs caractérisé géographiquement. La peinture flamande tend vers le réalisme, un réalisme qui s'accentuera avec la peinture hollandaise. A l'inverse, la peinture italienne va tendre vers un figurativisme accru, avec ses ciels de plus en plus remplis d'anges et de figures religieuses qui envahissent les espaces resté libres du tableau. Au départ, le caractère énigmatique se voit consacré par l'invention de la perspective, qui s'ouvre sur des infinis mystérieux, tandis que le Christ et la Madone occupent le devant de la scène. C'est le caractère humain du divin que sanctifie leur mise à l'avant-plan. Réalisme et figurativité se mélangent encore pour un temps, mais le maniérisme va briser cet état de fait, une rupture que l'on doit à Léonard de Vinci. Avec la Joconde, plus de perspective pour exprimer la problématicité, mais un sourire énigmatique qui interpelle le spectateur sans jamais lui offrir de réponse. Après, ce sera l'âge baroque, avec une interrogation croissante du spectateur liée à la multiplication grandissante des personnages qui composent le tableau. La peinture italienne s'épuise ainsi dans sa propre figurativité et, ne pouvant plus faire face à l'accélération de l'Histoire vu que la peinture est déjà fort « surchargée », elle ne peut que céder la place à une autre forme d'art, chargée, si l'on peut dire, d'exprimer le mouvement de l'Histoire qui s'accélère par une figurativité tout empreinte de rythme et de mouvement, plus énigmatique aussi car plus formelle, mais qui épouse le rythme en le recréant : cet art ou forme d'art sera la musique. Mais ici également, l'historicité oblige à une contrepartie réaliste. Pour la peinture italienne, cela a été la sculpture. En Flandre, où la peinture était déjà réaliste, la sculpture n'a joué aucun rôle et elle a même été plutôt absente, parce que redondante. En Italie, Michel-Ange, le Bernin, Canova et d'autres, ont illustré par leur génie la profonde nécessité d'une sculpture qui collait au plus près de la corporéité la plus réaliste, que ce soit dans la majesté du David ou dans la souffrance de la *Pietà*. Avec la musique, qui gagne cours et antichambres, la figurativité, qui incarne l'historicité d'une époque où tout s'accélère, doit trouver une contrepartie réaliste, et offrir ainsi un spectacle de la réalité. Ce sera le rôle de l'opéra, créé en 1607 par Monteverdi. Il deviendra la forme de la représentation musicale par excellence en Italie, voire l'expression emblématique de l'art italien jusque loin dans le XIXe siècle. La France, elle aussi soumise à de grands bouleversements, mais davantage encadrée par des hiérarchies sociale et politique strictes (d'où le nombre de révolutions qui s'y succèdent) préférera refléter ses tensions par le théâtre, classique d'abord, puis romantique, avec un réalisme qui finira par s'amenuiser au théâtre avant de céder la place au réalisme fort du roman. Par-delà les divergences, et même parfois, les convergences nationales, l'idée est claire : l'Histoire ne s'accomplit en art que dans la différence, dans la tension du figuratif et du réalisme avant que le figurativisme qui s'accroît sous le choc différenciateur de l'Histoire ne pousse l'art à son tour vers de nouvelles réponses qui seront uniquement réalistes. Chaque art possède ainsi en lui jusqu'à épuisement cette double ressource : réaliste au départ, la peinture impressionniste se figurativisera de plus en plus pour donner naissance à l'art abstrait, comme le cubisme par exemple, mais se prolongera également dans des formes réalistes, comme la peinture du Douanier Rousseau ou de Bonnard. L'opéra, à son tour, mourra, faute de pouvoir franchir les limites de son propre réalisme, que seul le cinéma offrira pleinement au spectateur, en contrepartie, précisément, de formes picturales de plus en plus abstraites, voire conceptuelles, et de sculptures de plus en plus figuratives (Giacometti, Brancusi, Moore). Au même moment, les musiques se feront dissonantes, plus « intellectuelles »[1], étant destinées à casser par la forme l'harmonie d'un monde révolu, cassé, brisé dans sa beauté propre qui n'est plus qu'illusion, le réel étant devenu une immense question, dont les progrès de la science se sont fait eux aussi l'écho à leur façon.

ET LES SCIENCES ?

A refoulement problématologique faible, qui laisse le problématique et l'énigme du monde comme de l'Histoire se dire de plus en plus comme tels, se superpose la nécessité d'un répondre sûr, où les variations, le mouvement, vont renvoyer à une identité

1. La musique elle-même, engendrera à son tour son propre « réalisme » avec les « clips » et la musique populaire en général, destinée à tout le monde, comme le rock.

sous-jacente qui en rend compte. Une identité forte, donc mathématique, envahit la physique, et donne naissance au calcul différentiel, où l'identité se calcule derrière les variations. La physique nouvelle naît là où la peinture est nouvelle également. Galilée inaugure cette révolution dans la manière de lire le livre de la nature. Mais la physique, en se mathématisant, n'offre plus au regard éclairé que des substances équivalentes, en clair, indifférentes à ce qu'elles *sont* dans leur composition particularisante. Les êtres physiques sont des substances indifférenciées, des êtres formels, ce que résume bien l'idée générale de corps, qui va désormais occuper le devant de la scène de cette nouvelle physique. Ce qui se meut, se déplace, varie, c'est un x ou un y dont la nature propre ne compte pas dans les nouvelles lois de cette physique : ce peut être une brindille, un être humain, une planète, tous obéissent aux mêmes lois, celles de Newton, où seules la masse et la distance importent pour mesurer l'attraction. Il reste pourtant à expliquer ce qui se passe avec le fer, le plomb, le soufre ou l'air, comment ils se transforment, changent d'aspect en se combinant. Ce sera alors à une autre science qu'il reviendra d'étudier les équivalences par-delà les transformations : la chimie. Elle va remplacer l'alchimie, trop magique, centrée, elle, sur les analogies et les ressemblances, ce que l'on appelle l'être ou l'identité faible. D'où la loi de Lavoisier : rien ne se perd, rien ne se crée afin que soit préservée l'identité malgré les changements subis par les substances particulières. Un tel devenir peut aussi affecter une substance unique, qui porte alors son programme de développement, de « finalisation », en lui-même, sans se muer en autre substance, c'est le vivant. Et là aussi, une nouvelle science, avec ses identités de plus en plus fortes va voir le jour : la biologie. Le refoulement apocritique va s'y appliquer à son tour, progressivement, et livrer de nouvelles identités, qui finiront par être entièrement mathématisables, gagnant les lois de l'hérédité et les théories de l'ADN. Même les grandes classifications, les grandes taxonomies, qui jalonnent la chimie (Mendeleïev) et la biologie (Linné) à un moment clé de leur évolution, sont là pour organiser les identités, les définir, donc limiter les échanges permis, et quantifier si possible ces substitutions, pour finir avec des équations qui serviront à les codifier. Mais au XIXe siècle, l'historicité continue aussi d'opérer par elle-même, comme on le voit en physique avec la géologie, par exemple, et en biologie, avec la théorie de Darwin, où la science intègre les variations à côté de ce qui demeure, permettant ainsi au savant d'arriver à une vison de la sélection naturelle et de l'évolution. Le refoulement apocritique qui se renforce ne pouvait échapper à la nécessité de penser ces identités, ne fût-ce qu'en les classant, et quand elles échappaient à l'irréversibilité de l'Histoire, de chercher à les mathématiser. Le long terme confirme cette quête d'identités fortes, au prix d'un positivisme que le savant a parfois défendu comme norme absolue, irrationnellement même, aux moments où l'art et les sciences humaines visaient à traduire, fût-ce improprement, sans problématologie, la problématicité de l'humain. D'où l'opposition qui s'est installée entre les sciences de la nature et les sciences humaines.

Quant à la méthode scientifique, qui va de l'observation à l'expérimentation, plus active, elle repose sur une pratique stricte de l'interrogation : on teste A par rapport à non-A, on se reporte aux présupposés comme aux conséquences, mais chaque fois, on s'appuie sur des alternatives. Si A entraîne B, non-A ne peut le faire, l'idéal étant, pour non-A, d'entraîner même seulement non-B. Les chaînes causales ne peuvent l'être qu'à titre de réponses, donc comme étant exclusives d'alternatives, qui renvoient à des questions où elles s'expriment. Seule la réalité microphysique, quantique comme on l'appelle, possède en soi l'alternative comme traduction du compossible, ce que l'expérimentation va trancher, modifiant ce faisant la réalité [1].

Les sciences humaines, qui naissent au XIX e siècle, le font sur les ruines d'un sujet pur, transcendantal, un en-soi qui surplombe le monde sans paraître en faire partie. Ce sujet pur est comme l'œil invisible qui voit tout, mais ne se voit pas lui-même. Il traduit le point de vue instauré par Descartes et systématisé par Kant. Avec la crise du sujet, celui-ci redevient humain, observable, étudiable comme n'importe quel objet, en tout cas, on peut analyser dans l'historicité effective ce qui l'affecte de façon de plus en plus évidente. L'histoire est ainsi devenue la première des sciences humaines, pour ne pas dire leur clé, avant que ne se développent les autres sciences de l'homme, elles aussi imprégnées par l'Histoire, même si celle-ci n'est plus leur objet, encore que la Nouvelle Histoire en France mêlera statistiques, économie, sociologie, politique ou démographie pour étudier le devenir des sociétés. Au fond, ce sont les rapports de l'individu et du groupe qui vont se partager le rapport immédiat qu'entretenait le sujet avec lui-même dans une conscience de soi en « fausse » adhérence à soi, fausse si l'on se réfère à la psychanalyse. L'Histoire va évoluer dans sa conceptualisation. Des

1. Voire à ce sujet M. Meyer, *Questionnement et historicité*, Paris, P.U.F., 2000, où la physique quantique est analysée (p. 210 *sq.*)

facteurs qui s'affrontent dans un premier temps vont « dériver » ou être dérivés, comme les mathématiques tirent des dérivées de fonction, et devenir au fil du temps des facteurs dominants. L'exemple le plus évident est donné par le rôle de la bourgeoisie qui, insignifiante aux tout débuts du Moyen Âge, va prendre de plus en plus d'importance, pour s'imposer au bout du compte comme la classe motrice des changements en Occident, d'où le capitalisme. Ce raisonnement intellectuel, que Marx développe, met en avant l'idée de dérivation et s'applique à bien des analyses. Des facteurs sociaux, qui au départ coexistent avec d'autres, vont être éliminés, tandis que d'autres vont s'imposer. C'est là que se joue l'imprévisibilité de l'Histoire et la richesse des lectures qu'on en donne.

LA LOGIQUE PROBLÉMATOLOGIQUE

Comment, d'un point de vue « logique » pourrait-on dire, les questions s'enchaînent-elles pour construire et exprimer un problème initial au fur et à mesure de sa résolution? En science, cela s'appelle la logique de la découverte. Chaque question est déjà une réponse, avant que de soulever une question nouvelle, et ainsi de suite La science ne retient que les résultats, qu'elle organise en suites logiques, puis en « textbooks », en manuels. La logique interrogative a ceci de spécifique, et de peu perçu jusqu'ici, que les questions s'enchaînent sur base d'un raisonnement qui leur est propre. On peut clairement percevoir ce lien en se replongeant dans notre démarche. Questionner le point de départ, c'*est* questionner le questionnement, et *dire* cela, c'*est* répondre, donc en répondant sur le questionnement, on répond en fait sur le répondre, ce qui revient à s'interroger sur le questionnement en tant qu'il s'institue comme différence question-réponse. L'objet de la question est alors cette différence, et comme on l'a refoulée, c'est ce refoulement en tant que modalisation de cette différence, historiquement variable, qui devient notre sujet de questionnement. Les questions, assimilées jusqu'ici à des propositions, certes particulières, deviennent dicibles en propre, comme questions, et le refoulement devient assimilé à la mise à distance des questions par l'ordre des réponses lui-même.

La logique interrogative est donc bien une logique où dire A, c'*est* dire B, dire B, c'*est* dire C, et ainsi de suite, avec pour effet que l'on associe A, B, C, sur base de ce qui peut y avoir d'identité entre eux, ne fût-ce que partiellement (c'est ce qu'on appelle l'*identité faible*), et alors ce qui fait question est la relation réelle qui se joue entre A, B et C, au-delà de leurs identités partielles, fondées sur des différences avalées qui se dessinent au creux de ces identités, différences qui vont s'organiser, entre autres à l'aide de liens de causalité et de déductibilité, en un ordre de réponses. Pour ne prendre qu'un seul exemple, dire à la suite de Kékulé que les atomes de carbone *étaient* (pour lui) des serpents qui s'enroulaient pose bien sûr la question de savoir ce qu'ils étaient en réalité et de saisir quelle structure ces atomes avaient effectivement, par-delà l'identité, l'association, évoquée par l'image des serpents enroulés.

L'équivalence est donc la relation maîtresse du niveau problématologique, qui est celui auquel les questions s'enchaînent en dehors de leurs réponses successives. On a affaire à des identités faibles, basées sur des similitudes, des analogies, des métaphores prises au pied de la lettre, des associations d'idées, ce qui pose question car des identités aussi faibles ne peuvent valoir réponse et cela incite à chercher du même coup ce qui l'est. Foucault, dans *Les mots et les choses*, rappelait que ce langage, fait d'identités partielles et analogiques, avait été le propre du discours à la Renaissance, comme Freud, d'ailleurs, en faisait la discursivité, le code, de l'inconscient, qui se doit de rendre énigmatiques les messages qui en jaillissent. En fait, à la Renaissance, comme l'Histoire s'accélère, les identités s'affaiblissent, et leur base devient plus tenue. On considère alors que A est B, non pas parce que tous les éléments de A sont en B, ou que tous les A sont B, mais parce que seuls certains le sont et même que ce n'est plus qu'une manière (figurative) d'en parler. Pour les alchimistes, le plomb pouvait devenir de l'or parce que certaines propriétés de l'un se retrouve chez l'autre. Il faudra que le refoulement *apocritique* se renforce en exigeant des identités fortes pour que ce refoulement problématologique affaibli, qui voit questions et réponses se mêler sur base d'analogies et de métaphores, d'abord non perçues comme telles, puis démasquées pour ce qu'elles sont, donne lieu à un retournement, qui le compense en quelque sorte. C'était là, on s'en souvient, tout le sens du *Discours de la méthode* et des règles chez Descartes.

Cela dit, l'affaiblissement de l'être, comme on dit, permet de faire des liens, non entre réponses – on n'est plus à la Renaissance – mais entre questions, l'une amenant l'autre, l'une cédant la place à l'autre – c'est le sens de telles équivalences –, maintenant la problématicité initiale ouverte, par traductions successives de réponses (puisqu'on traite ces questions en leur trouvant un point d'accroche), qui sont en réalité des *réponses problématologiques*, dont l'ensemble forme le niveau problématologique d'un processus de questionnement. On identifie d'ailleurs, par le repérage d'une problématique qui se déplace constamment, le comportement des individus dans la vie de tous les jours : ceux qui, par exemple, sont obsédés par l'argent, verront tout en termes matérialistes, l'amour, leurs relations professionnelles, leur façon de consommer, et même de traiter leurs enfants et leurs parents. D'autres, obnubilés par le pouvoir, ne chercheront que cela dans la vie et feront de cette question l'équation de base de tous leurs comportements, le *x* qui va sous-tendre chacun de ceux-ci. Ils verront tout en termes d'humiliation, de domination et les façons de parler comme celles de regarder, de choisir les enjeux à traiter, de répondre aux gens, et ainsi de suite, ne seront pour eux que des façons d'affirmer leur pouvoir. Un problème de base rend ainsi toutes les questions de leur vie en quelque sorte équivalentes, parce que ramenées à un dénominateur commun implicite, ou parfois même totalement inconscient, qui est au fond leur problème de base, leur équation de vie. On pourrait parler de religion, et on tirerait les mêmes conclusions. Et on peut ainsi aller à l'infini dans l'étude des comportements humains, qui sont sans lien apparent à première vue, mais qui, rapportés à un individu, nous en livre la véritable clé.

Bref, dire A, c'est dire B, et en conclure que A est B, cela pose la question de savoir si « A est B » est réponse ou non, ce qui oblige à chercher la vraie réponse, ou plutôt, puisque c'est une question, la *réponse vraie* qui relie A à B.

CHAPITRE V

SOI, LE MONDE ET AUTRUI

On est là en présence des questions ultimes de la philosophie depuis toujours. C'est peut-être même en elles que se trouve son acte de naissance, et sûrement sa spécificité. Là où la science s'arrête et le bon sens balbutie, là où se dessine la nécessité d'une autre forme de réflexion, la radicalité de la démarche interrogative s'impose, ce qui, à n'en pas douter, nécessite une approche *sui generis* originale. Les Grecs ont inventé des termes clairs pour se référer à ces questions fondamentales, à ces dimensions ultimes de l'existence : l'*ethos* pour le Soi, le *pathos* pour Autrui, le *logos* pour le Monde. Mais, et cela, c'est nouveau, il y a des trois dans chaque composante, comme par exemple du *pathos* dans l'*ethos*, dans le rapport à soi, dans l'éthique et ses discours. Je est un Autre. D'où l'éthique, la psychologie, faite d'émotion et de passions, la morale pour les dompter, et la politique pour les harmoniser, puisque le *pathos*, et le *logos* comme discours rationnel, s'immiscent dans l'*ethos*, comme le *pathos* pénètre dans le *logos* et l'*ethos*, et le *logos*, à son tour, dans les deux autres dimensions. Le *logos*, c'est certes la science, la raison, l'ordre du monde (*cosmos*) pensé comme ordre, mais c'est *aussi* ce langage qui relie l'Autre et le Moi, le *pathos* et l'*ethos*, un lien dont la rhétorique est l'expression la plus évidente. Enfin, il y a le *pathos*, où l'autre n'est pas seulement un auditoire, mais un ensemble d'êtres, avec leurs passions, individuelles et collectives, qui nécessitent de penser le vivre-ensemble, d'où la politique et la morale. C'est aussi ce qui de l'Autre s'insinue en moi, me réjouit ou me fait souffrir. L'Autre, disait Hobbes, est peut-être, dans certains contextes, une menace, mais c'est toujours, même en démocratie, un problème que je dois affronter comme *problème* : il me met en question, comme je le mets en question. D'où deux blocs de réponses opposés : le combat, la compétition, la violence, la peur de la mort, mais aussi, la coopération, la compassion, voire l'entraide. Car la vie en société attend qu'on déproblématise la relation à autrui, en l'associant, en l'impliquant, en lui faisant confiance ou en codifiant par la loi la résolution des conflits et des refus.

Les questions centrées sur Soi, le Monde et Autrui, traversent ainsi toute l'histoire de la philosophie. Pensons aux trois *Critiques* de Kant : le Soi y domine dans la *Critique du jugement*, l'étude du Monde dans la *Critique de la raison pure* et l'Autre, dans celle de la *Critique de la raison pratique*. Hume n'a pas procédé autrement quand il a organisé son *Traité de la nature humaine* en trois grandes questions : l'entendement, les passions et la morale, autrement dit le monde, soi et autrui. Ici, les passions recouvrent désormais le soi, le nouveau centre de la philosophie postcartésienne, tandis que l'Autre soulève plutôt la question éthique, celle du vivre-ensemble, les émotions, devenant quelque chose qu'on ne peut éprouver qu'individuellement, même si elles font le lien avec autrui également.

Soi, le monde et autrui ou *ethos*, *logos*, *pathos*. Les trois grandes questions auxquelles chacun d'entre nous doit faire face tout au long de sa vie. Ce sont, pour parler comme Heidegger, les vrais seuls « existentiaux », ceux où se joue et se rejoue notre existence, ceux qui catégorisent tous les problèmes que *nous* devons résoudre en particulier et chaque jour. Ils s'y mélangent d'ailleurs de façon variable. Je ne suis jamais seul, sans les autres, ni sans le monde qui nous lie les uns les autres, mais aussi nous oppose. Je ne puis rien décider seul, si ce n'est illusoirement, et aucune interrogation sur le monde ne peut faire l'économie des autres êtres humains. Cette altérité ne peut pas ne pas me toucher, m'affecter, me mettre en cause comme sujet, que ce soit implicitement ou explicitement. Cela tient à la structure interne du questionnement, qui fait coexister les trois dans l'*existence* personnelle. Dans tout questionnement, si l'on y regarde bien, *je* m'adresse à *quelqu'un* sur *quelque chose*, et ce « je », ce « tu » et ce « il » sont présents, co-présents même, de façon structurelle, et sinon explicitement. Je puis, certes, isoler le « Qui suis-je ? » des deux autres dimensions, et procéder de même avec les autres composantes, comme si elles étaient autonomes. Cela peut être même, à certains égards, méthodologiquement utile, mais le résultat obtenu restera incomplet, car sans tomber dans l'égoïsme à tout crin, le souci ou la crainte obsessionnels de l'Autre, ou encore la seule rationalité issue du monde, « je », « tu », et « il » sont toujours sous-jacents aux trois focalisations problématisantes. Le *logos*, qu'on considère comme un langage, celui où se dessine l'ordre du monde, comme au début de l'*Evangile de Saint Jean* (« Dieu est *logos* ») n'en demeure pas moins un lieu d'échange où questions et réponses s'affirment, se différencient, s'opposent, tout comme les individus le font en s'exprimant. Ils peuvent donc échanger, dialoguer, exprimer leurs pensées sur une certaine question, en débattre ou s'approuver, comme ils peuvent demander à l'autre son avis, son aide, son soutien, son action. Tout cela relève du questionnement comme autant de formes particulières de problématisation. De même notre propos – et cela en constitue le corollaire – contient une sorte d'interlocuteur implicite. Chacun peut ainsi *répondre* de multiples manières à ce qui est dit, et la *lecture* fait partie de ces réponses : il peut contredire ou approuver, se faire l'écho de ce qui est avancé, le compléter, le modifier, ou simplement faire silence, comme pour laisser l'autre dans l'incertitude ce qu'il pense, afin d'éviter de s'engager. Bref, dans le *logos*, il n'y a pas que le locuteur (*ethos*), il y a aussi l'Autre (*pathos*). Mais pour y voir bien clair, penchons-nous successivement sur ces trois composantes de l'interrogation, l'*ethos*, le *pathos* et le *logos*.

LE *LOGOS* OU LE LANGAGE : LE MONDE

Le *logos* est ce lieu du visible, de visibilité, où passent les messages divers, ce que savaient bien les artistes de la Renaissance qui peignaient l'humanité *et* la divinité du Christ dans une même toile, portées par les murs d'une église ou d'une cathédrale. Mais cela vaut pour la musique également : elle interroge et répond à la fois, répondant même pour mieux interroger, parfois même pour déstabiliser l'auditeur, qui se retrouve dans le monde incertain des réponses devenues problématiques, ce à quoi il n'avait pas forcément *pensé*, tout en le vivant intensément, Histoire oblige. Pourtant, le *logos* ne se laisse pas aisément décrypter comme un lieu d'interrogativité, en dehors, bien sûr, des questions explicites que l'un ou l'autre formule. Sans doute parce que cela exige à aller les chercher en deçà ou en dessous des structures apparentes de l'explicite, lesquelles sont plus aisément assimilables à des propositions diverses et variées. Le propositionnalisme, quoique caduc, n'est pas sans atout. Pensons à une phrase simple, du genre « Napoléon est le vainqueur d'Austerlitz ». Où est l'interrogativité sous-jacente à une telle affirmation, qui est un constat historique? En fait, elle se cache dans les termes eux-mêmes, qui sont des condensés de réponses à des questions qui semblent ne plus se poser. On sait *ce qu*'est Austerlitz comme on sait, en gros, *qui* est Napoléon. Et pourtant, si on devait l'expliciter, pourrait-on le faire sans recourir à des interrogatifs qui reprennent la question mais qui, utilisés dans des assertions à l'aide de clauses relatives, indiquent ce qui relève de la question et ce qui constitue la réponse? Ainsi, dans la phrase « Napoléon (est celui) *qui*… », « Austerlitz (est l'endroit) *où* … », on a des identités données sous forme de *réponses* qui renvoient à des *questions* qui ont dû se poser, et que les termes à expliquer résolvent en évacuant ces questions tout en le disant, par l'affirmation et l'utilisation de clauses interrogatives. On peut ainsi dire, et ce serait équivalent du point de vue du sens, « Napoléon (est celui qui) a fait le 18 Brumaire », même si on dit plutôt, « Napoléon est l'auteur du 18 Brumaire ». Le « celui *qui* » disparaît dans la réponse puisque son énoncé sous-entend que c'est une réponse en se référant à la question, ou plutôt à *ce qui* fait question, mais n'ajoute rien à celle-ci en s'y référant explicitement. Les questions, une fois résolues, disparaissent, et les réponses qui engendrent cet effet n'ont plus lieu de se présenter *comme réponses* en renvoyant à ces termes interrogatifs, qui ont donc fait leur temps. Il ne reste alors que les termes du langage qui résument toutes ces réponses, mais sans plus les présenter comme telles : « Napoléon », « Austerlitz », etc., ne se différencient plus alors des autres termes du langage, quel que soit d'ailleurs le domaine.

Reste la question, incontournable, de la différence problématologique dans le langage. Le dualisme sujet-prédicat est le résultat de son marquage et il est né de la nécessité de respecter cette différence. Si parler, ou écrire, ou lire, c'est avoir une question à l'esprit, il faut bien qu'il y ait dans le *logos* et par lui, une distinction qui puisse démarquer ce qui fait question, ce qui est problématique, et ce qui ne l'est pas. Quand je pose une question («*Où* était Napoléon le 18 Brumaire ? ») il y a un sujet qui est en question mais qui ne fait pas véritablement problème, même si je m'interroge sur lui, et il y a ce qui est problématique dans cette demande et qui est singularisé par le prédicat : un *que*, un *où*, un *quand*, un *comment*, un *pourquoi*, etc., introduisent cette démarche, que je précise si je le souhaite en complétant la catégorisation de ma demande par une prédication plus poussée. Exemple : « *Comment* Napoléon a-t-il fait pour surprendre les Cinq Cents lors du 18 Brumaire » ?, ou encore « *Quand* a-t-il vaincu définitivement l'ennemi à Austerlitz ? », où je ne demande pas *comment* ni *quand*, simplement, mais que je qualifie plus précisément. C'est exactement ce qui se passe quand je pose la question « Quelle est la taille de Napoléon ? » : je m'interroge, certes, sur Napoléon, mais ce qui pose problème, c'est sa taille, confrontant dans une phrase le sujet de l'interrogation et ce qui doit la résoudre, dans une « identité » dont la copule, la prédication, est aussi le ressort articulatoire de la différence problématologique, destinée à marquer jusque dans la réponse finale, ce qui a fait question et ce qui ne le fait plus. S'il y a « identité », c'est parce que je présente le sujet en question comme ne faisant plus question dans la réponse qui résout le problématique. Il y a toujours, par conséquent, une identité et une différence dans une phrase telle que « Napoléon est le vainqueur d'Austerlitz », car Napoléon, s'il est bien cela, parce que c'est de cela dont il était question, est plus que cela, et au-delà de cette victoire, et s'il est question de celle-ci, une réponse n'est possible que parce qu'il est le non-problématique dont il est question par-delà cette question directe et explicite. Le hors-question et le en-question coexistent dans une même phrase : « Napoléon a 1m68 » sert à exprimer que ce qui a fait question ne le fait plus (mais l'a fait pour celui qui a soulevé la question de sa taille), d'où l'aspect de réponse que présente la phrase ci-dessus. On apprend quelque chose de Napoléon qui posait problème et qui, de ce fait, est exprimé comme résolu. Problème et solution donnent lieu à une même phrase, où le sujet *est* le prédicat, S *est* P, en tant que la question sur S est résolue par P et se présente résolue comme telle, ce que la présence d'un interrogatif dans la réponse, souvent comme relatif, vise à confirmer. Bref, cela explique qu'on ait toujours affaire à une structure de base sujet-prédicat. « Je vais à Paris dans trois semaines » *doit* renvoyer à une question de type « Dans *combien de temps* comptez-vous aller à Paris ? », une venue qui est non-problématique mais qui est soumise à un questionnement indiqué par le « combien ? » particularisé selon le temps (Dans combien de temps ? »), qui s'applique à un fait indiscutable, ma venue à Paris, fait qui s'en trouve identifié par son aspect temporel (d'où le mot « est » que je puis toujours introduire : « Mon séjour à Paris *est* dans trois semaines ») qui le caractérise en propre mais qui était en question au départ, faisant de ma venue à Paris à la fois un *hors-question* et *ce dont* il est question, une différence que capture la différence sujet-prédicat.

Voici ce qui explique la nature problématologique du *logos*, du langage mais aussi de l'ordre du monde qu'il recouvre et qui fait toujours problème. Rien n'est jamais donné, et ce qui l'est ne l'est que partiellement, sans finalité préétablie. Le réel est comme une question qu'il faut préciser, requalifier, discuter (d'où la rhétorique), ou tout simplement *repenser*. Le savoir et la science ont cette mission : trouver et organiser, assembler, des réponses en touts cohérents qui articulent ces réponses par des liens logiques (mathématiques si possible), qui traduisent cette organisation systématique. La fragmentation actuelle des savoirs fait perdre les perspectives d'ensemble dont nous avons besoin – d'où l'importance de la philosophie – et qui représentent « le monde ». Cosmos ? Univers ? Soyons minimaliste et parlons plutôt de réalité, car nous avons tous besoin de savoir en quoi consiste la réalité, sans être des savants, des métaphysiciens ou des croyants pour autant.

Le *logos*, conduit donc à se poser cette impérieuse question : Qu'en est-il du réel ? Surtout à une époque où tant de gens, nous disent les psychiatres et les psychanalystes, perdent pied en arrangeant la réalité à leur façon, afin de diminuer la frustration de ne pas y jouer un rôle déterminant, jusqu'au point même de se moquer de la vraisemblance de leurs histoires aux yeux de leurs interlocuteurs.

QU'EST-CE QUE LA RÉALITÉ ?

La question du *logos*, du monde, créé ou incréé, gouverné par les puissances du religieux ou par la science, pose en dernière analyse une des questions philosophiques les plus anciennes, et toujours actuelle : qu'est-ce que la réalité ? Depuis toujours s'affrontent deux positions : l'*idéalisme* et le *réalisme*. Ces deux points de vue ont connu bien des avatars et des versions plus ou moins nuancées, tel que l'idéalisme transcendantal de Kant, qui inscrit l'accès à la réalité dans l'idéalisme subjectif comme forme a priori du savoir, ou tel que l'empirisme cher aux Anglo-Saxons, qui procède à l'inverse en faisant de la sensation des choses la voix immanente de leur réalité en nous. Que nous ayons la possibilité a priori de concevoir la réalité par nos catégories et en général, par la nature de notre esprit, ou que cela se fasse dans le sens inverse, on sent bien que l'idéalisme ne peut se réaliser qu'en intégrant une forme de réalisme, car on voit mal comment le sujet pourrait « sortir de lui-même » et instituer ou retrouver la vérité objective comme s'il l'avait en lui-même. Mais l'inverse aussi est vrai. Le réalisme seul est intenable. Comment pourrait-on *parler* de la réalité sans que l'esprit qui en parle puisse de ce fait y avoir accédé ? Avec la réalité toute faite et immanente cela rendrait l'esprit superflu. Donc, les sensations doivent être élaborées par un agent de coordination et de synthèse, ce qui n'est pas très empirique. Bref, les deux positions sont intenables si elles s'excluent. Donc, il faut les deux, même si les philosophes ont souvent leurs préférences et font pencher la balance dans un sens plutôt que dans l'autre. Mais dans tous les cas, des plus anciens, chez les Grecs, aux plus modernes, le projet est le même, parce que le paradoxe de base est identique : comment accède-t-on à la réalité extérieure comme sujet ou comme humain et comment est-on sûr de ne pas être victime d'illusion, de projection, de surinterprétation ? Comment établir une passerelle entre les deux sans présupposer le résultat, d'autant plus que si on part de la réalité à trouver, on se donne le résultat d'entrée de jeu, et qu'en partant du sujet, on ne sera jamais sûr du résultat, qui est objectif, et n'est pas « dans » le sujet ? La réalité, ce concept si évident pour chacun de nous, qui n'avons pas de doute quand on est sur la route que c'est une route, quand on est dans une voiture que c'est une voiture, quand on mange du poisson que c'est du poisson, etc., devient le concept de l'énigme philosophique par excellence. Cela fait dire bien souvent, pour cette raison même, que le philosophe coupe les cheveux en quatre, et transforme les évidences les plus assurées en problèmes qui n'en sont pas, voulant se rendre utile ou intéressant alors que pour la plupart d'entre nous, le problème ne se pose même pas, à juste titre selon eux. Mais pourquoi ne se pose-t-il pas ? Pourquoi la réalité est-elle une de ces évidences qui ne se discutent pas ? Précisément parce que c'est sa nature et sa fonction. D'où l'autre question : qu'est-ce qui fait que la réalité a cette prégnance *de réponse*, qui fait que le réel s'impose en général à chacun avec force et évidence, sans poser de question ? C'est là que le philosophe doit intervenir, mais il doit le faire cette fois avec les bons concepts, sinon il aura l'air de dénier au sens commun ce qui lui assure ses certitudes, ce qui le rendra ridicule. La réalité est-elle une construction de l'esprit humain, qui « objective » ce qu'il sait ou peut savoir, faisant de l'Être quelque chose d'indépendant de ce savoir (comment ?), ou est-elle ce qui permet toute construction, étant au-delà de l'esprit qui, plongé en elle à travers le corps également, ne prend que des empreintes en fonction de ce qui s'imprime en lui ? Idéalisme ou réalisme ? En fait, les deux se renvoient l'un à l'autre. Il faut pouvoir accéder au réel pour pouvoir constater qu'il n'a pas besoin de nous pour être ce qu'il est, et que cela fait partie du mouvement d'objectivation. Comment cela se fait-il ? Grâce au questionnement, avec son double mouvement d'instauration des réponses et de refoulement de celles-ci au profit de *ce dont* il y est question, les choses du monde apparaissent telles qu'elles sont, sans se référer aux réponses qui ont permis ce surgissement, lequel est refoulé. La constitution et la prise de conscience de l'indépendance du réel devient ainsi pleinement intelligible. C'est un moment du questionnement, lié à son refoulement dans la réponse, qui ne laisse plus apparaître que ce qui en est l'*objet*. Le « ce qui » de cette phrase renvoie à la phénoménalisation de l'apparaître. Pour accéder aux choses, aux êtres, pour les percevoir, les comprendre, les distinguer, il faut questionner. *Ce qui* est en question n'est au départ qu'un « ce qui », vu comme corrélat et expression de notre questionnement, avant que de s'imposer pour lui-même, indépendamment. Le réel est l'effectif du questionnement, ce qui sous-tend et permet d'effectuer sa réalisation. La réalité est ce sur quoi porte la réponse qui se profile à l'issue de ce questionnement : je sais que c'est Jean qui est assis là-bas, au fond de la salle, que c'est ma voiture qui est garée à gauche, au fond du parking, tout comme je découvre, après un questionnement plus méthodique, par exemple que l'augmentation des salaires peut stimuler la production intérieure, ou que la vitesse est de l'espace et du temps. Une fois trouvée comme *réponse*, la question à laquelle elle renvoie disparaît, puisque résolue, et la réalité cesse alors du même coup de se voir, de se concevoir comme *réponse* : elle en devient le substrat. La réalité ne renvoie plus qu'à elle-même, dans son « identité d'en-soi » (Sartre), et elle est autonome, indépendante, ce qui est ce que l'on entend par le mot de réalité. Ainsi, j'écris sur une table, mais je *sais* que si je quitte la pièce, la table que je laisse derrière moi est toujours là, effective, présente pour les autres qui rentreraient éventuellement dans la pièce, une table dont les propriétés physiques sont indépendantes de moi. Rien, bien sûr, n'empêche de s'interroger à son sujet par la suite, d'en chercher, par exemple, la structure moléculaire, et la réalité redevient mouvante, susceptible de donner lieu à de nouvelles réponses qui vont en modifier mon entendement. La réalité est à la fois réponse et question, sujet et attribut, et parce que réponse, est indépendante des deux (parce que la réponse, quand elle s'instaure, se refoule comme telle, donc n'apparaît pas comme telle), même si nous sommes installés au creux de cette réalité comme questionneurs, par la distance qui sans cesse nous sépare, à titre d'espace ou de temps. Il nous est impossible de s'orienter dans le monde sans le questionner sans cesse, quitte à retrouver de façon quasi instantanée les réponses que nous connaissons déjà.

La réalité est ainsi question(s) et réponse(s) à la fois, susceptible par là-même d'être conçue comme projection idéaliste, comme résultat d'un processus d'interrogation, mais aussi comme réaliste et entièrement indépendante des questions qui ont permis d'y accéder et qui sont refoulées dans et par le résultat final. Le réel, en fin de compte, ne renvoie plus aux questions ni aux réponses, mais à *ce qui* faisait question et *qui* est désormais l'*objet* (le réel) de la réponse et qui, à ce titre, seule se manifeste tel qu'on l'attend de la réalité.

L'EFFECTIVITÉ OU LE PROCESSUS IDÉALISTE ET RÉALISTE DE LA CONSTITUTION DU MONDE

L'effectivité aboutit ainsi à la présence exclusive de l'effectif, du « monde ». L'identité des choses est actée par la résolution des questions dans l'effectuation du questionnement en réponses, où c'est *ce* dont il est question qui apparaît comme seulement effectif. L'effectivité, qui est la résolution des questions par le refoulement de celles-ci au profit des réponses, qui seules apparaissent, donc qui *ne se* présentent *pas* comme réponses puisque dire les questions n'en est pas leur objet, a longtemps été *le* modèle du résolutoire, même s'il ne se pensait pas comme tel. D'où le propositionnalisme. Mais d'où, surtout, l'idée selon laquelle résoudre, c'est engendrer de l'explicite par opposition à l'implicite, qui est tissé de questions disparues car résolues. C'est ce modèle, qui a parfois confondu efficacité avec effectivité, qui a prévalu pendant si longtemps. C'est un répondre sans réelles « réponses » car sans questions, ou qui était centré sur ce qui était effectif et qui était exprimé dans un *logos* uniquement préoccupé du vrai et du faux, soucieux du vrai comme adéquation, intuition, ou dérivation déductive. On sait bien, pourtant, que ce qui est vrai (ou faux) ne l'est pas en soi, et que ce à quoi on répond définit la possibilité d'une adéquation de la réponse à la question. Certes, « 2 + 2 » fera toujours « 4 », parce que la question est définie dans des ensembles où les opérations permises le sont par les règles de l'arithmétique élémentaire. Mais parfois, ces questions sont variables, et ainsi, on peut avoir différentes réponses pour une question. Ainsi, s'il s'agit de savoir quelle est la somme des angles d'un triangle, cela peut être +, – ou = 180°, selon que l'on adopte la géométrie de Riemann ou celle de Lobatchevski plutôt que celle d'Euclide. Les questions permettent de découvrir la vérité et si on se débarrasse d'elles une fois celle-ci obtenue, cela ne prouve en rien qu'elles ne comptent pas pour arriver à une vérité plutôt qu'à une autre, qui ne sont contradictoires que prises en elles-mêmes, comme résultats formels et autonomes, sans renvoi aux questions qui sont la raison de leurs différences.

L'*effectivité* est le modèle problématologique de résolution des questions qui les font disparaître une fois résolues, qui ne les réfléchissent donc pas et n'ont pas à le faire[1], qui refoule même le problématologique, alors même que les questions sont nécessaires en tant que voies d'accès. Si on ne réfléchit pas l'effectivité problématologiquement comme je viens de le faire, l'effectivité disparaît comme moment problématologique pour se confondre avec sa généralisation, qui n'est autre que le propositionnalisme et sa vision restrictive du « résolutoire ». Mais le *logos* se révèle davantage que cela : il traduit aussi les questions à résoudre, les réfléchit quand il le faut, conduit ensuite aux réponses, et comme on le sait, quand il y a en plus une interaction personnelle, la démarche de question-réponse qui s'y joue relève de la rhétorique, voire la définit essentiellement.

1. De là, à réfléchir pourtant ce modèle comme celui de *tout logos*, il y a un pas que le propositionnalisme franchit et que la problématicité accrue des êtres, des choses et des savoirs du fait de l'Histoire qui s'accélère ne permet plus de tenir comme *la* vérité sur le *logos en général*.

L'effectivité n'est finalement qu'un *moment* de l'interrogation, celui où il faut refouler le questionnement pour instaurer la différenciation problématologique. L'effectivité est instauratrice d'*une certaine* modalité de cette différenciation : celle qui voit la distinction question-réponse se refouler pour s'incarner dans celle de l'explicite des réponses, faisant disparaître les questions, qui, résolues, ne sont plus que des présences sous-jacentes, mais qui sont superflues au regard de l'impératif de résolution. Pour le propositionnalisme, qui ne raisonne pas en termes de questionnement, l'autonomie des « réponses » en jugements, en propositions, se présente depuis Platon et Aristote comme le modèle de tout *logos*, du *logos* en général, lequel devient ainsi une réalité à part entière. Or, dans le refoulement des questions qui se joue dans l'effectivité du répondre, *ce dont* il est question référentialise le *logos* et permet à la vérité de se présenter comme toute adéquation de celui-ci avec le réel. Sans ce mécanisme de refoulement des questions dans le répondre qui les résout, où l'apparaître des choses supplante la différenciation problématologique dont il est issu, le surgissement de *la* vérité se révèlerait inexplicable. Sans cette référence au problématologique, on parle alors d'un « donné » (par qui ?), de sensations, ou encore d'objets déjà présents mais pas encore constitués comme tels (Kant), bref, on postule un monde et quelqu'un en mesure de l'appréhender dans une adéquation providentielle ou finalisée dans son harmonie par l'intellect divin tout puissant (Leibniz). Rien de tel ici. Or, on doit chercher pour trouver, questionner pour répondre, et ce dont il est question ne surgit jamais que dans la différenciation des deux moments.

Au fond, l'effectivité est l'historicité qui, se refoulant, fait coïncider la présence et le présent. La question qui se pose du même coup est celle de savoir qui est à la manœuvre, c'est-a-dire de déterminer qui interroge qui. de quels « q*ui* » s'agit-il au juste ? Des mêmes ?

Après la question du *logos* vient celle de l'*ethos*. On y retrouve, on vient de le voir, la notion de refoulement. La présence à soi requiert ce refoulement de tout ce qui nous apparaît problématique en tant qu'humains.

L'*ETHOS* OU LE SOI : LA QUESTION DU QUESTIONNEUR

Le soi, c'est le questionneur, l'œil qui voit sans se voir en train de voir puisque son regard porte sur autre chose que soi. Le soi se refoule dans l'effectuation de ses résolutions, pour mieux les mener à bien, car il n'y est pas directement en question. Dans l'historicité de ce processus, ce refoulement – constant en ce qu'il porte sur les questions, les différenciant des réponses, – n'est plus refoulé, dès le moment où on en parle comme d'un problème, et même d'un problème pour soi. Le soi se découvre refoulé dans l'effectuation qu'il accomplit. Refoulement il y a, mais plus de refoulement de ce refoulement, qui est donc variable. Que nous révèle ce double processus sur le soi qui l'effectue ?

Lorsqu'on s'interroge sur le questionnement et qu'on questionne son propre questionnement ce faisant, afin de dégager la structure de tout questionnement à partir de cette interrogation qui répond sur elle-même, on est conduit à s'interroger sur l'objet extérieur à lui (*ce dont* il est question en tant que « cela »), mais aussi à s'interroger *sur celui qui* questionne comme à s'interroger sur *celui que* l'on interroge ainsi. Est-ce le même (réflexion) ? Est-ce un autre ? Est-ce le même qui prend la forme d'une altérité ? Pour désigner leur identité (et leur différence) parlera-t-on d'agent ? De sujet ? D'un « être-qui » ? Ce sont là des concepts chargés d'histoire, d'histoire de la philosophie, mais en réalité, qui dégagent un excédent interprétatif que l'on ne peut importer sans les questionner. On ne peut plaquer ces étiquettes en toute innocence sur le questionneur qui, même quand il est celui qui est questionné, peut légitimement être autre, tout en étant encore ni plus ni moins qu'un questionneur. En effet, qui serait ce « on » qui questionne et qui est questionné, sinon simplement un questionneur ? Le même ? Certes, cela pose la question de savoir pourquoi le questionneur en vient à s'interroger sur lui-même, à voir en l'homme un être interrogatif, moins porté sur l'être que sur l'interrogatif, si ce n'est par dérivation, pourquoi est-il une question pour lui-même, un problème qu'il ne peut résoudre ni se résoudre à résoudre qu'en posant cette question ? L'homme est un problème pour l'homme, avant que d'*être* tout autre chose. La vie nous oblige à affronter sans cesse problèmes et questions. Même l'indétermination de son être n'est qu'un autre nom pour caractériser la question qu'il est pour lui-même. Une telle réponse, pourtant, ne semble pas le conduire bien loin, du moins apparemment. Il n'est jamais donné, toujours en recherche, en quête de lui-même, il n'a pas l'identité rassurante de ce qui l'entoure, mais l'inquiétude, l'angoisse et l'incertitude d'une différence qui le menace et pourrait l'engloutir. Certes, il peut se choisir et se déterminer, mais cet « existentialisme » du choix est plus une interprétation métaphysique que la prise en compte du réel vécu au regard des contraintes socio-économiques qui colorent cette liberté et en dessinent les contours essentiels. L'homme est question, mise en question de soi, donc de soi comme autre. À travers cet autre que soi, il est facile de repérer un autre qui est un soi aussi bien qu'un être physiquement autre, différent, d'où la peur et la projection sur lui de l'agressivité sociale qui fait dire à Hobbes, que l'homme est un loup pour l'homme, ce que les tragédies récentes du XXe siècle, comme d'ailleurs celles qui s'annoncent, ne font que confirmer. Cela a toujours été une question poignante de savoir pourquoi l'homme se complaît dans le mal et y trouve même l'une de ses grandes jouissances. La question est certes effrayante, mais elle est surtout récurrente, et il n'est pas besoin de grands massacres pour vérifier que les hommes aiment, voire jouissent de voir le mal, faute de pouvoir le commettre, telle la petite vieille qui tous les soirs se précipite sur la nécrologie dans son journal pour en tirer une vague mais réelle satisfaction de survivante. On a beau parler de « mal radical » ou de « péché originel », ou tels les socialistes, des conditions difficiles et frustrantes imposées aux plus faibles, comme si la richesse ou la pauvreté rendait moins méchant. Les explications usuelles ne sont guère satisfaisantes à cet égard. Voilà pourquoi cette question du questionneur qui s'interroge sur lui-même en tant que questionneur est si importante : elle nous plonge dans le champ, mal exploré lorsqu'on quitte la religion, de ce que représente la morale pour l'homme, quel que soit d'ailleurs le contenu qu'on donne à ce terme, ou plutôt, qu'il lui donne. Et maintenant, le lien entre l'*ethos* (ou le soi) et l'*éthique* devient plus clair : il n'y a d'éthique que pour le soi, ensuite pour le soi comme autre pour l'autre, parce qu'il y a un autre que soi, un autre que soi qui est quand même identique malgré leur différence physique, celle-ci requiert d'ailleurs une autre éthique, propre au respect de l'intégrité de l'autre et de ses différences, ce qui n'a plus rien à voir avec l'universalité propre à l'autre qui est un autre que soi tout en étant un soi. Le soi-individu coexiste avec l'Autre *en soi* qui est physiquement un autre que l'Autre qu'on est pour lui et qui fait qu'on est l'Autre de l'Autre, ce qui définit trois formes d'altérité : 1) une identité et une différence entre les individus, 2) une identité d'essence, avec une différence qui relève de l'existence, et 3) une distinction physique corporelle, ou l'autre en moi est physique (le corps). L'altérité se singularise ainsi en trois moments. L'*ethos* est cette interrogation sur l'identité et la différence avec soi, mais encore convient-il de bien préciser de quel soi et de quel autre il s'agit.

CHAPITRE VI

DE L'*ETHOS* À L'ÉTHIQUE OU LA MORALE EN QUESTIONS

LES TROIS TYPES D'*ETHOS*

Le questionneur pose la question du questionneur lorsqu'il s'interroge sur le questionnement. Qui questionne? C'est ce « *qui* » qui maintenant fait problème. On n'y échappe pas, mais « on », ici, c'est la structure du questionnement qui dessine ce questionneur comme une indétermination qui se prend en charge et cherche à asseoir une identité plus précise dans et par le questionnement même. Soyons logiques pour déterminer de *qui* il s'agit.

Le questionneur qui questionne le questionnement est-il le même que celui qui, à un moment donné de cette interrogation, est questionné à son tour? Quelles sont les possibilités? Il peut être effectivement 1) le même, individuellement le même ou 2) un autre, vu la différence des deux rôles, questionneur et questionné, ou alors, ce qui est plus paradoxal, 3) le même et un autre à la fois en étant un questionneur qui ne s'interrogeant pas sur lui-même finit par découvrir qu'il est à la fois le questionneur et le questionné. En un sens, le questionneur qui questionne le questionnement n'est pas celui qui se questionne lui-même en tant qu'il questionnait le monde, puisque les *objets* sont distincts de lui. Mais cela peut être le même questionneur qui se tourne cette fois sur son action de questionneur, malgré un rôle distinct de sujet qui questionne et d'objet que l'on questionne. Ou il peut être différent. Ou les deux : identique et autre à la fois, singulier et universel. On l'a vu, cela donne trois possibilités, à caractériser de manière spécifique. D'où les trois types d'altérité possibles. Si le questionneur en général est *dans son essence* le même, ce que l'altérité exprime est la différence de l'*essence* et de l'*existence*, de l'*universel* et l'*individuel*. Première forme d'altérité donc. La deuxième est celle des individus physiquement distincts, c'est l'Autre comme autre personne. Cette altérité est d'ailleurs ce que le sens commun appelle habituellement l'*altérité* : il y a différents individus qui coexistent, qui sont autres que moi, qui me posent problème et à qui je pose problème. Ils sont pour moi ce que je suis pour eux, mais c'est la différence qui compte. C'est dans ce cadre que s'inscrit le dilemme, cher à Hobbes, de la morale et de la violence, de la peur et de la confiance, de la proximité et de la distance, bref, de toute réflexion socio-politique. Maintenant, si on y regarde bien il y a une troisième forme d'altérité qui se dégage de la question du questionneur, et donc du questionneur qui questionne le questionneur sur ce qui fait question *en lui* : il est le même de bout en bout, c'est le même questionneur qui s'interroge sur lui-même et sur le questionneur qui interroge le questionneur et le monde, si ce n'est qu'il se refoule dans cette réflexivité pour précisément atteindre ce monde objectif et physique. Il est le même, mais il se refoule dans sa matérialité physique de corps. Il est le corps qu'il n'est pas. On dit qu'il *a* un corps. L'autre est *en* moi, mais en moi, qu'y a-t-il sinon le corps, qui à l'inverse de l'essence, est observable on le ressent, on le vit, on le subit, on en jouit, et finalement on en meurt. Cette troisième forme d'altérité est d'ailleurs la plus immédiate : c'est celle du corps et de l'esprit, du physique et du mental, de la matière et de l'âme, qui sont des dualismes sur lesquels toutes les religions reposent, depuis l'animisme primitif jusqu'aux monothéismes les plus élaborés. J'*ai* un corps que je ne *suis* pas, tout en étant identifiable par lui et sans lequel je ne serais pas. Par contre, je ne suis pas davantage l'Autre qui est un Soi autre que moi, mais comme je suis cela pour lui, l'altérité qui me singularise malgré l'identité (d'essence) est que j'existe en propre et singulièrement, étant unique par rapport aux autres comme eux le sont aussi. D'où on parle aussi des individus comme des membres du *corps* politique. Autre que le corps, c'est l'esprit ou l'âme ; autre que moi, c'est l'autre, et autre que ma simple individualité humaine, c'est l'humanité ou l'homme en général.

Chaque fois, dans ces trois cas, on le voit, la distance augmente, et de la passion individuelle (qui commence par le corps et les sensations), j'arrive aux passions de chacun (politique) et ensuite à la Raison, forme désincarnée du *logos* où l'universel, depuis Kant, trouve sa pleine expression. Chacune de ces visions de l'altérité est a priori amputée des deux autres. Il n'empêche qu'on ne peut vivre en oubliant sans cesse qui on est, ses désirs et ses passions, et que l'universel n'a rien d'exaltant puisqu'il est aussi renoncement. Un autre que moi, un autre en moi, un autre qui est moi et l'autre : trois morales se dessinent sur cette triple possibilité. Il y a une morale où l'*ethos* s'affirme comme *ethos*, comme soi, distinct de l'Autre qui est autre que soi physiquement, c'est une *éthique* au sens traditionnel, un art de vivre, de finaliser son existence et de lutter avec ou contre l'Autre, qui me met en question. Elle répond à la question « Comment agir avec autrui ou faire avec et sans lui ? » qui est une question pour moi. C'est la situation que décrit Hobbes, avec des hommes séparés, distincts, et potentiellement opposés et ennemis.

Il y a ensuite une morale du *pathos* individuel où le *pathos* est en moi, tel le corps comme source de passions, donnant lieu à une morale centrée sur le dualisme de l'âme et du corps, avec pour contrepartie négative, la recherche effrénée du plaisir et l'égoïsme en général, et plutôt que de renoncer aux passions, on s'y abandonne. On *subit* (*pathos*) le corps, il est la nature par opposition à la culture, on cherche à s'en distancier, à s'arracher à cette naturalité, c'est-à-dire à la maîtriser, par la civilisation (le « cuit » par opposition au cru en cuisine, selon Lévi-Strauss), par l'humanisation, par l'identité conçue comme spiritualité. L'espoir de survie se loge en l'âme, qui est autant celle des ancêtres – éternels – que la sienne, que l'on espère voir survivre après la mort, dans un même culte de respect et de mise à distance. Je ne suis pas le corps que je suis pourtant, et pourtant bien malin celui qui parviendra à repérer l'âme ou l'esprit ailleurs que dans ses productions, comme le dira Hegel. L'identité du soi est dans le refoulement de cette altérité, de cette différence, qu'est le corps que je veux mettre à distance. La conscience de soi est la conscience pleinement réfléchie, sans aspérité, que l'on trouve chez Descartes et Locke, mais qui déjà chez eux, laissaient transpirer le corps et ses passions, elles-aussi source de jugements. D'où la portée éternelle du stoïcisme et de l'épicurisme, avec l'esprit qui domine les passions, pour s'en libérer ou les maîtriser. Mais, comme on le remarque aisément, que l'*ethos* soit central, ou que ce soit le *pathos* ou le *logos*, on retrouve ces trois composantes sous des formes diverses et surtout en proportions variables à chaque stade. Car il y a un autre à distance, un jugement moral et un soi dans toute relation à l'altérité, quelle que soit la manière de concevoir prioritairement celle-ci. Pensons à l'altérité commune, où l'*ethos* est l'individu distinct, il y a l'autre qui est l'autre que soi, un autre soi donc, et c'est pour nous, du *pathos*, avec une morale qui nous dicte la prudence, le recours à l'Etat protecteur (Hobbes), le sens de l'intérêt d'autrui (utilitarisme, économie), afin de répondre à autrui comme problème (ce que nous sommes aussi pour lui). Il y a donc de l'*ethos* et du *logos* qui prennent ici aussi leur part. D'un autre côté, quand le questionneur se voit livré aux passions, au corps, à la souffrance et aux excès de tous ses désirs, il y a aussi un *logos* (celui que prône le stoïcisme sous forme de Raison) et un *ethos* où le soi change son attitude pour ne pas souffrir. Cet « *âge axial* » dans l'histoire des civilisations (selon l'expression restée célèbre de Karl Jaspers) est bien connu, puisque les mêmes préoccupations se retrouvent, par exemple et entre autres, dans le bouddhisme comme dans le christianisme.

Enfin, il y a une morale du *logos* très élaborée, avec l'universalisme kantien, où l'existence se subordonne à l'essence, au point que Sartre et Heidegger finiront par soutenir que l'essence chez l'homme, est d'exister ou que l'existence précède l'essence. En tout cas, on a affaire à une morale où le dualisme clé est celui de l'existence et de l'essence, de l'individu et de l'universel, l'homme cherchant à réaliser sans cesse ce qui est universel et valable pour tous, parce que cela s'impose comme conforme à l'humanité de l'homme. On a d'ailleurs – et ce n'est pas un hasard – trois formulations différentes de l'impératif catégorique chez Kant. L'*ethos*, c'est l'universalisation des maximes, le *pathos*, c'est le devoir envers autrui comme l'égal porteur de la même universalité (l'humanité comme fin), et le *logos*, c'est considérer la loi morale comme si elle avait la nécessité d'une loi de la nature.

Comme on le voit, on retrouve trois morales dominantes, fondées sur la distance croissante entre les êtres, pour résoudre le problème que pose autrui, et éviter que cette mise en question ne débouche sur la violence plutôt que sur le bien. La proximité est physique, et le *pathos* en nous, c'est comme le *pathos* hors de nous, un corps : morale de la domination, de la cruauté, de la vengeance, chère à Nietzsche, comme réponse à l'impossibilité de vivre sans pouvoir accroître la distance avec autrui, où c'est *pathos* contre *pathos*. Une cruauté de vengeance, qui est toujours sadique. A l'inverse, le kantisme[1], offre une morale de distance maximale. Je ne connais bien souvent des autres que leur altérité lointaine, que leur humanité d'homme, et ce ne peut donc être qu'en vertu de cette identité formelle de tous les hommes que je dois agir. Mais, comme le dit aussi David Hume, plus les gens sont proches, moins on les traite comme des autres aux propriétés universelles : on aide ses enfants, les préférant à ceux des autres, même si on ne respecte pas l'égalité de chacun avec chacun ce faisant, et pourtant si tout le monde faisait de même, il n'y

1. Sur tout cela, je ne puis que renvoyer le lecteur à mes *Principia Moralia*, Paris, Fayard, 2013.

aurait plus de règle universelle mais que du favoritisme. Dans la vie réelle, on est humien avec ses proches, nietzschéen quand ils empiètent sur notre espace privé (distance faible ou nulle), et plus la distance augmente et que l'Autre devient abstrait, plus on est kantien, universaliste et formel, puisqu'on ne connaît des autres que notre humanité commune (l'essence). On agit de la sorte avec les êtres lointains, comme avec les victimes de conflits et de la faim en Afrique par exemple, mais on agit de même avec des compatriotes dès lors qu'on ne les connaît pas personnellement. Il faut donc bien qu'on s'appuye sur des règles générales pour agir. Le bien, que nous recherchons, et le mal, que nous fuyons, sont donc toujours à contenu variable – mais pas relatif, car tout le monde tend à favoriser les siens, même si ce n'est pas kantien – car lié à la distance. C'est pour cela que la loi et la justice tendent à instaurer des règles pour tous indépendantes de la distance ou qui la créent par le formalisme juridique, alors que nous traitons plutôt les proches avec amour et partialité. D'ailleurs, quand on se fâche, on met « des distances », et on devient kantien (dans le meilleur des cas), la justice veillant à garantir la distance minimale pour chacun indépendamment, et comme en surplomb, ne fût-ce, déjà, par la forme et le décorum du tribunal.

Lorsqu'on se penche sur l'histoire des conceptions morales depuis Platon, que constate-t-on? Qu'on peut les ordonner selon la distance et que cela donne des différences dans l'altérité.

TABLEAU DES MORALES : AXE DE LA DISTANCE

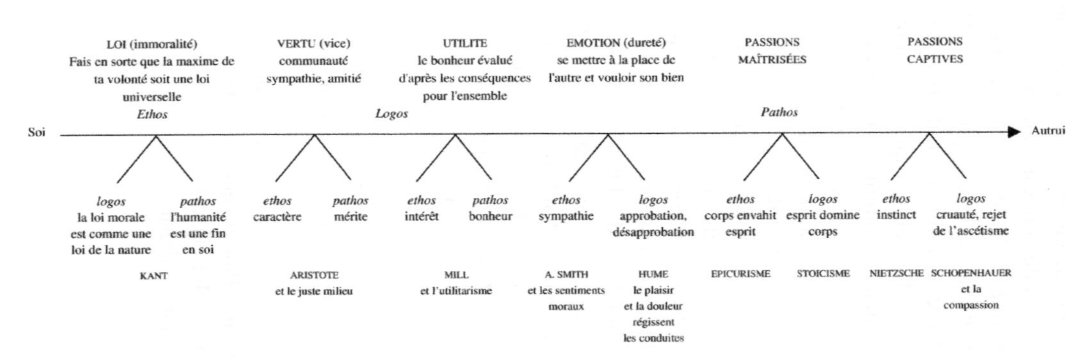
LOI (immoralité)
Fais en sorte que la maxime de ta volonté soit une loi universelle
Ethos
VERTU (vice)
communauté
sympathie, amitié
UTILITE
le bonheur évalué d'après les conséquences pour l'ensemble
Logos
EMOTION (dureté)
se mettre à la place de l'autre et vouloir son bien
PASSIONS MAÎTRISÉES
Pathos
PASSIONS CAPTIVES
Soi
Autrui
logos
la loi morale est comme une loi de la nature
pathos
l'humanité est une fin en soi
ethos
caractère
pathos
mérite
ethos
intérêt
pathos
bonheur
ethos
sympathie
logos
approbation, désapprobation
ethos
corps envahit esprit
logos
esprit domine corps
ethos
instinct
logos
cruauté, rejet de l'ascétisme
KANT
ARISTOTE
et le juste milieu
MILL
et l'utilitarisme
A. SMITH
et les sentiments moraux
HUME
le plaisir et la douleur régissent les conduites
EPICURISME
STOICISME
NIETZSCHE
SCHOPENHAUER
et la compassion

Chacune de ces philosophies morales prône un absolu, ce qui exclut les autres morales, mais c'est là une position embarrassante, car on sent bien qu'elles ont toutes pour une part un fond de vérité, à déterminer. Si on est kantien, on n'est pas nietzschéen, si on est aristotélicien, on n'est pas utilitariste, etc., comme s'il fallait choisir. La réalité est autre : on est utilitariste lorsqu'on est dans la vie professionnelle et qu'on a à cœur la société qui vous emploie et qu'on cherche à obtenir le meilleur salaire pour soi-même. On est kantien quand ne reste des hommes qu'il faut juger, et avec lesquels il « faut » bien se comporter, que leur humanité d'homme comme critère. On ne connaît rien d'autre d'eux. Et on est aristotélicien, c'est-à-dire soucieux d'être vertueux quand on est proches, et qu'on doit faire preuve de prudence et de modération. Enfin, on sera stoïcien, lorsqu'il faut surmonter ce que le corps nous inflige, le nôtre, celui des autres (d'où le renoncement chrétien), afin de garder une saine raison qui nous aide à distinguer les plaisirs sains du corps et d'éviter autant que se peut les douleurs en rationalisant ce qui se passe, un peu comme lorsqu'on prend sur soi dans le siège du dentiste. Notre corps traduit une grande proximité, presqu'une identité, que nous le voulions ou pas, que nous fassions preuve de renoncement, de stoïcisme ou de différentes formes de désirs et de jouissances. De toute façon, le corps qui est l'autre que nous sommes exige une distanciation, une maîtrise, une pudeur, qui est d'ailleurs la source de la politesse, de la civilité, des bonnes mœurs, du respect de l'intimité propre aux besoins corporels et sexuels, qui permettent à chacun d'exister sans se laisser aller avec les autres. Une telle proximité conduit malheureusement aussi à la domination, qui débouche sur la volonté (de puissance) de s'abandonner à la violence, au sadisme et à la cruauté, ce qui incite ensuite à la réaction contraire, à la lutte à mort même, qui est tout aussi violente, comme le rappelle Nietzsche. Bref, la distance fait la morale, et partant, donne lieu, pour chaque type de distance, à une philosophie correspondante et adéquate.

LE CORPS EST PARTOUT

Reste, comme dans la théorie de la relativité – qui porte mal son nom, finalement – qu'il y a, non pas un absolu, mais un invariant dans la vision du *fait* initial proposé ici : c'est le respect du corps, même quand la distance augmente. D'où la condamnation de la violence, de la torture, de la mise à mort, de l'humiliation, et la mise en avant de l'obligation du respect de la dignité de chacun, du début à la fin de la vie, qui sont comme des « impératifs » que la distance variable entre les êtres ne saurait remettre en question, sinon ce serait comme une menace latente qui planerait sur nos têtes et nous hanterait sans cesse. Le mal abolit toujours la distance : privation de liberté, violence corporelle, retour à l'animalité et au biologique pur sont les formes bien connues du mal absolu, dont les dictatures et les totalitarismes ont fait leurs armes. Voyez les camps de concentration.

Vu la taille des sociétés qui évolue à chaque époque, la distance entre les individus a joué un rôle de plus en plus prépondérant dans le type de morale qui a prévalu. Chez les Grecs, la Cité repose sur une grande proximité des décideurs. Le *pathos* est à la fois passion et altérité individuelle, le physique joue un grand rôle, et le *pathos* se marque par la passion, ce qui est une forme presque physique de l'altérité. ce qui fait qu'Aristote, dans *l'Ethique à Nicomaque* s'interroge encore sur le fait de savoir si le bien et le mal s'identifient au plaisir et à la douleur. On domine ses passions, qui sont des extrêmes, et Aristote prône donc le juste milieu. Avec l'Histoire qui s'accélère et les Etats qui s'agrandissent, les distances qui sont plus grandes et les passions (le *pathos*) qui sont moins physiques et plus politiques (Hobbes, Spinoza), c'est moins l'opposition de l'âme et du corps, voire sa christianisation dans celle du salut de l'une et de la domestication de l'autre, qui se jouent. C'est plutôt le rapport passionnel qu'entretiennent les êtres qu'il divise politiquement qui retient l'âge classique. Par après, l'homme s'indifférencie, se dématérialise pour ainsi dire, et la morale devient une affaire d'universalisme, et pour ce qui reste de matérialité, l'utilitarisme économique y pourvoit. Les intérêts remplacent les passions[1]. Utilitarisme et contrat social, vertu et morale intérieure, vont coexister dans le monde moderne avec l'exigence éthique du respect de l'universel, au travers d'une réflexion, propre à l'existentialisme, entre l'essence et l'existence. Et à y regarder de près, on retrouve chaque fois dans ces divisions l'*ethos*, le *pathos* et le *logos*, d'où la concurrence de ces trois types d'éthique. Toutes veulent aussi théoriser un *ethos*, un *pathos* et un *logos* qui leur soit propre, pour l'emporter en crédibilité sur les deux autres.

Ainsi l'utilitarisme ne défend pas seulement le plaisir et les intérêts utiles à chacun, mais aussi prétend souligner que les poursuivre est dans l'intérêt (l'utilité) de tous. Le kantisme ne saurait avoir une théorie du corps, mais il englobe tout dans la Raison. Quant aux Grecs, et ensuite aux chrétiens, le corps et sa maîtrise permet et le

1. A. Hirschman, *Les Passions et les intérêts*, trad. fr. P. Andler, Paris, P.U.F., 2014.

bien et la fuite devant le mal en général. Ce qui frappe l'esprit encore aujourd'hui, c'est que les Grecs n'ont jamais renoncé à l'esclavage. Conceptuellement parlant, ils auraient pu le faire s'ils avaient privilégié l'idée que *tous* les hommes, quels qu'ils soient, relèvent d'une *essence* commune qui fait que tous doivent être traités de la même façon. Or pas même Aristote, le grand penseur de l'essence, ne condamne l'esclavage, parce que pour lui, l'altérité, c'est avant tout celle du corps par rapport à l'âme, et par extension, entre êtres physiques. *Pathos*, donc *ethos*, donc *logos* Ainsi, la passion et la raison, le corps et l'esprit, vont se définir comme les lieux où se joue l'être moral : l'être vertueux est soucieux avant tout de dominer ses plaisirs et de fuir les douleurs et, à plus grande distance, les sentiments de tristesse et de malheur, sans oublier l'amitié et la bienveillance pour endiguer les excès à l'encontre d'autrui. Cette exigence s'appuie sur l'idée que c'est la persuasion, intérieure ou rhétorique (c'est-à-dire avec les autres, ce qui fait la persuasion une caractéristique de la rhétorique, comme étant le propre de l'échange interpersonnel) qui permet de vaincre l'autre en soi, que je suis aussi bien, ou de convaincre l'autre qui n'est pas moi. Freud déplacera le problème en faisant du *refoulement* de la différence, encaissée dans l'altérité sexuelle, le moyen pour soi d'être soi, et de répondre à la question du soi par le questionneur qui la pose, et qui s'interroge sur le fait qu'il la pose (ou non).

Ainsi, au fond de toute morale, on trouve ces trois aspects : 1) la maîtrise de soi, le refoulement (= la mise à distance) du corporel comme problème, 2) la lutte interindividuelle, donc la vie en commun, qu'il faut organiser, et 3) le rapport à l'essence qui oblige chacun à traiter chacun de la de la même façon. Un de ces trois éléments devient prépondérant avec la distance qui s'accroît, modifiant du même coup le rôle qu'y jouent les deux autres, un peu comme les passions qui se muent en jugements, qu'elle sont toujours plus ou moins, avec la distance.

TEXTES ET COMMENTAIRES

TEXTE 1

ARISTOTE

Seconds Analytiques, I, 1, 71a 25-30 –71b 8-11 [1]

Avant d'induire ou de tirer la conclusion du syllogisme, il faut dire sans doute que, d'une certaine façon, on la connaît déjà, et que, d'une autre façon, on ne la connaît pas.

[...] En fait, il est évident que la connaissance a lieu de la façon suivante : on connaît universellement, mais au sens absolu on ne connaît pas. Faute de cette distinction, on tombera dans la difficulté soulevée par le *Menon* : ou bien on n'apprendra rien, ou bien on n'apprendra que ce qu'on connaît.

[...] Rien, j'imagine, n'empêche que ce qu'on apprend, en un sens on le connaisse, et en un autre sens on ne le connaisse pas. L'absurdité consiste, non pas à dire qu'on connaît déjà en un certain sens ce qu'on apprend, mais à dire qu'on le connaît dans la mesure et de la façon qu'on l'apprend.

1. Traduction J. Tricot, Paris, Vrin, 1966.

COMMENTAIRE

LE SYLLOGISME COMME SOLUTION AU PARADOXE DU QUESTIONNEMENT

Pour Platon, un paradoxe fondamental grève l'acquisition du savoir : si je sais ce que je cherche –dit le paradoxe du *Menon*, du nom du dialogue où il se trouve chez Platon– je n'ai plus besoin de le chercher, et si je l'ignore, c'est impossible de savoir même ce que je cherche. Comment donc acquérir un savoir sans le connaître, et comment, si on le connaît, apprendre quelque chose de neuf? On reviendra sur ce paradoxe, mais ce qui est important est qu'il constitue la clé de voute dans l'explication de la connaissance et de son acquisition. C'est la pierre d'achoppement, l'obstacle que toute épistémologie doit pouvoir surmonter. Or, Aristote a une réponse, qui est géniale, c'est sa théorie du syllogisme : ce qui est génial, avec cette nouvelle théorie du raisonnement, est que se trouve codifié ce qui permet d'accéder à la certitude contraignante d'une conclusion, moyennant le fait qu'on explicite les bonnes prémisses. Ainsi, si je dis « Tous les hommes sont mortels », comme Socrate est un homme, je sais (= je peux en conclure) qu'il est mortel. Cette certitude est contenue implicitement dans les prémisses, donc j'ignore cette vérité apodictique tant que je ne les ai pas posées, même si je sais qu'elle est vraie du fait que Socrate est un homme. Je sais donc sans savoir, et j'apprends en tirant la conclusion du syllogisme ce que j'ignorais tout en le sachant, mais c'est dans un autre sens du mot « savoir ». Ce que j'apprends au bout du compte est distinct de ce qui est explicité au départ, ce qui fait dire à Aristote qu'on ne connaît pas la conclusion contenue dans des prémisses, parce qu'on ne connaît pas tous les cas particuliers que recouvrent les lois universelles ou générales.

Aristote prétend ainsi avoir résolu le paradoxe de Platon, mais il ne dit pas comment on accède aux prémisses de départ, à celles qu'il faut poser et pourquoi il le faut. On ne questionne jamais, et avec le syllogisme, on est donc d'emblée au niveau de réponses pertinentes déjà trouvées, même si elles vont permettre d'en inférer d'autres. La force du syllogisme réside d'ailleurs dans sa faiblesse, puisqu'on ne *demande* jamais si les prémisses sont vraies ni pourquoi elles le sont lorsqu'on effectue un raisonnement syllogistique, on le proclame, on le suppose et on ne demande pas davantage. On opère simplement la déduction à partir de positions initiales, qu'on accepte comme vraies pour les besoins de la déduction et on examine alors ce qui en découle. On parle d'ailleurs plus de validité que de vérité. Dans le syllogisme, ce qui compte, ce sont les réponses qui jaillissent *nécessairement* d'autres réponses plus premières, mais il n'en reste pas moins qu'on devrait se demander à quoi répondent celles-ci. Au fond, le formalisme logique fait disparaître le problème. On doit déjà être dans l'ordre des réponses pour espérer, par le syllogisme, en acquérir d'autres, qui implicitement sont contenues dans les premières, mais que l'on ne connaît pas individuellement.

Platon, on va le voir, a prôné la psychologie de la réminiscence là où Aristote va préférer le formalisme logique, mais est-ce que l'une et l'autre de ces théories permettent réellement de savoir quand, d'une question, jaillit une réponse qui apporte quelque chose de neuf qui ne soit contenu dans une mémoire déjà fournie, ou dans un ensemble de propositions déjà supposées ou posées comme vraies ? Ne faut-il pas d'abord constituer un ordre des réponses avant de pouvoir y évoluer, donc, savoir au préalable ce que l'on cherche pour être pertinent dans ce que l'on pose au départ ? Bref, ne convient-il pas de questionner pour répondre ? Avec Platon, on ne sait trop ce dont on doit se souvenir, tandis qu'avec Aristote on le sait déjà comme par enchantement. Chez Platon, il semble qu'on ne sache pas ce que l'on doive chercher, puisqu'on part d'une situation d'oubli, et chez Aristote, on ne le sait que trop, ce qui semble inutile de chercher encore, une fois qu'on dispose des bonnes prémisses où se trouve contenue la conclusion.

Platon et Aristote se sont ainsi cassé les dents sur ce paradoxe du *Menon*, qu'ils n'ont fait que reconduire, chacun à sa façon, croyant le résoudre. Il faut donc reprendre le problème à zéro, et déjà, saisir pourquoi ce paradoxe est apparu et s'est imposé comme la clé de voûte de toute compréhension du savoir qu'on acquiert et qui progresse.

Partons donc du début. La philosophie occidentale naît avec Socrate. Ce qui la caractérise est précisément le questionnement radical auquel il soumettait ses interlocuteurs, des notables imbus de leurs prérogatives au nom d'un prétendu savoir, que Socrate n'avait aucun mal à démystifier en soulignant les contradictions de ses interlocuteurs. Socrate s'est ainsi mis à dos les notables de la Cité, qui, pour se venger, lui ont fait un mauvais procès, qu'il a évidemment perdu. En 399 av. J.-C., Socrate, condamné pour impiété, préfère la mort au bannissement et absorbe du poison. Platon reprendra le flambeau de ce questionneur radical et, par son œuvre, donnera à la philosophie la mission et les cadres qui sont toujours les siens aujourd'hui. Mais il veut néanmoins aller plus loin que Socrate. Questionner, dit-il, c'est bien, mais répondre, c'est mieux, ce dont Socrate ne se souciait guère. Quand après avoir mis à mal les opinions de ses interlocuteurs, ceux-ci lui demandaient « Alors, Socrate, quelle est la vraie réponse selon toi ? », il répondait toujours « Oh, moi, je ne l'ai pas, c'est vous qui prétendez savoir, mais moi, je sais que je ne sais rien ». Pour être général, il faut connaître l'art de la guerre, pour être juge, il faut savoir ce qu'est la justice, et ainsi de suite, et Socrate, à l'inverse de ses interlocuteurs, ne prétendait à aucun savoir, d'autant plus qu'il servait de légitimité à la supériorité sociale de ses interlocuteurs. En affirmant ne pas pouvoir répondre, il se retrouvait donc à égalité avec eux, avec en plus, l'ignorance de ce qui justifiait aux yeux des autres leurs fonctions dans la Cité.

Pour Platon, il faut pourtant aller plus loin et définir ce qu'il en est du répondre. La difficulté est que toute réponse, en tant que réponse, s'appuie sur une question, s'enracine en elle et y trouve son fondement. Mais comme les questions qu'on pose dépendent de ce que l'on sait ou de ce que l'on ignore (et de ce qu'on veut apprendre), elles sont variables d'individu à individu, alors que le savoir, la science, ne peut pas l'être : 2+2 = 4 doit être une vérité pour tout le monde et ce résultat est donc vrai indépendamment des questions qui traversent, ou non, l'esprit de X ou Y. Et c'est bien là tout le problème : comment acquiert-on et valide-t-on un savoir s'il n'émerge pas d'un questionnement? Socrate aurait-il eu tort d'avoir conçu le savoir, à fortiori la philosophie, à partir du questionnement? Platon n'est pas loin de le penser. Il va en tout cas recourir à un paradoxe qui, selon lui, permet d'évacuer le questionnement de la scène philosophique une fois pour toutes, obligeant celle-ci à chercher les fondements du savoir et de l'action en dehors du questionnement, ce qui aura des conséquences décisives sur la pensée jusqu'à ce jour, avant que la *problématologie* ne le remette enfin au cœur de la réflexion.

Quel est ce paradoxe? Si je sais ce que je cherche, je n'ai plus besoin de le chercher, et si je l'ignore, je ne sais même pas ce que je dois chercher, ce qui fait que je n'ai aucune possibilité de le trouver. Le questionnement est donc ou inutile ou impossible, il faut donc chercher ailleurs qu'en lui les mécanismes de l'acquisition du savoir.

Pour Platon, la solution qui résout ce paradoxe est la *réminiscence*, c'est-à-dire le fait pour l'âme de se souvenir de ce qu'elle sait et qu'elle a oublié quand elle s'est jointe au corps. Avec cette union de l'esprit et du corps, le sensible prend le dessus dans la résolution des problèmes pratiques de tous les jours. L'âme a refoulé les Idées implantées en elle avant la naissance pour se préoccuper du monde sensible, où il faut bien vivre pour survivre. Pourtant, c'est important d'avoir accès à la vérité générale qu'offrent les idées car le monde sensible en est au fond une incarnation et le comprendre pleinement n'est pas forcément superflu. Il est utile de chercher la vérité, puisqu'on l'a oubliée, et c'est possible, puisqu'on possède déjà, enfouies en soi, les réponses, même si on les a oubliées à cause du corps et de ses exigences. Utile et possible, la réminiscence transcende apparemment le paradoxe du *Ménon*, comme on appelle le *paradoxe du questionnement*. On cherche ce que l'on sait même si, à cause du corps, on l'ignore. Le tout est donc de se débarrasser du poids du sensible pour accéder à cet intelligible occulté par lui. Chez Heidegger, le raisonnement est le même : l'étant occulte l'Être, mais il est en lui, donc c'est utile d'aller au-delà de l'étant, et c'est possible, puisque l'Être s'y cache, comme annoncé en lui, quoique voilé (d'où le fait qu'on puisse dire « l'étant *est* »).

La réminiscence est-elle vraiment la clé de l'acquisition du savoir (on saurait déjà tout sans le savoir vraiment comme tel), comme le prétend Platon et, de façon dérivée, Heidegger, qui met dans l'histoire de la philosophie ou dans le quotidien du *Dasein* ce qui occulte la vue de l'Être, rôle assumé par Platon, par le monde sensible, qui est refoulant et dévoilant à la fois ? La réponse ne saurait être que négative, car la réminiscence est elle aussi frappée du même paradoxe du *Ménon*, ce qui est facile à démontrer : si je sais ce dont je dois me souvenir, c'est que je ne l'ai pas oublié, et si je l'ignore, je n'ai aucune idée de ce dont je dois me souvenir, l'ayant précisément oublié. Bref, il est inutile ou impossible d'apprendre par la réminiscence. Nous sommes donc bien embarrassés quand nous nions le rôle du questionnement.

Dit comme cela, le paradoxe semble pourtant ne pouvoir être résolu. Or, il est facile de montrer qu'on peut y arriver, à condition de réintroduire le questionnement par le biais de sa différence constitutive, la *différence problématologique*, celle des questions et des réponses.

Quand, dans le *Menon*, Platon dit « si je sais ce que je cherche, donc c'est inutile de le chercher », c'est parce qu'il sous-entend que le *ce que* de la phrase est la réponse. Effectivement, si on connaît déjà la réponse, il est inutile de la chercher. Et dans la seconde partie du paradoxe, « si j'ignore *ce que* je cherche, alors c'est impossible de le trouver », le *ce que* renvoie non plus à la réponse, mais à la question. Effectivement encore, si j'ignore ce qui est en question, aucune possibilité de trouver la réponse. Voilà un très bel exemple d'in-différence problématologique. En fait, si je questionne, je sais quelle question je pose et je sais donc ce que je cherche, et c'est utile de le faire car je n'ai pas la réponse, mais c'est aussi possible, puisque je sais ce que je dois savoir grâce à cette question, et ce que je dois savoir est la réponse qui lui répond et que je n'ai pas. *Ce que* j'ignore est stipulé par *ce qui* fait question (condition de possibilité) et *ce que* je dois chercher est la réponse que je recherche, d'où la différence de la question et de la réponse qui est cruciale pour résoudre ce paradoxe et s'en débarrasser une fois pour toutes. Les « *ce que* » dans les deux branches du paradoxe ne renvoient donc pas à la même chose. On apprend en mettant en œuvre la différence problématologique sans la réfléchir comme telle, car l'objet de la réponse n'étant pas de dire le questionnement, les questions, mais de porter son attention sur *ce qui* fait question et d'y répondre. L'*effectivité* de cet accomplissement, de cette effectuation, se marque souvent par l'opposition de l'explicite et de l'implicite. On dit la réponse, mais on ne dit pas que c'est une *réponse* parce que le but, dans ce cas-là, n'est pas non plus de dire la question plutôt que de la résoudre. On dit *ce qui* y est référé dans la réponse, c'est tout. L'effectivité renvoie à un effectif, ce que les allemands appellent *Wirklichkeit*, c'est-à-dire tout simplement la *réalité*.

L'effectivité est le questionnement en action, la résolution qui se fait sans se réfléchir comme telle, sauf dans la problématologie, où l'effectivité est un moment et une possibilité parmi d'autres du résolutoire, où l'on résout, mais on ne s'attache pas à ce fait. Thématiser les questions en propre est une solution comme l'est d'aller à la réponse sans la réfléchir telle ; ce sont là deux manière, variables, de refouler le questionnement, c'est-à-dire de mettre en œuvre et de respecter la différence problématologique. Le refoulement du questionnement qui est à l'œuvre dans l'effectivité a ceci de propre qu'il a permis de donner du crédit au propositionnalisme, lorsque l'effectivité s'est vue réfléchie en dehors de l'interrogativité qu'elle refoulait. Pour nous, l'effectivité n'est qu'un mode de résolution parmi d'autres : la philosophie s'intéresse d'ailleurs moins aux réponses, comme la science, qu'aux questions, et qui est la spécificité de la philosophie. Le questionnement, même déplacé, refoulé, dans l'effectivité y est présent *effectivement* puisque résolutoire. On a pourtant bien souvent prétendu expliquer le rapport au monde, par exemple, sans recourir au questionnement. Même dans le vocabulaire heideggérien du voilement et du dévoilement, on trouve la différence problématologique sous une certaine forme, car si le réel est voilé, c'est possible de l'atteindre, et même utile, alors que s'il était simplement donné, déjà dévoilé, l'interroger et en apprendre quelque chose de neuf n'aurait aucun sens. Kant a pourtant été confronté à ce problème[1] : il faut

1. M. Meyer. *Science et métaphysique chez Kant*, Paris, P.U.F., 1988.

que l'entendement ajoute à la sensibilité tout en ne la dépassant pas, puisque l'entendement ne doit pas aller au-delà de la sensibilité sans faire perdre toute valeur empirique à nos concepts et à nos catégories. Et c'est bien là que réside tout le paradoxe de la *Critique de la raison pure* : pour qu'il y ait du neuf, de l'extension de savoir, de la production de connaissance, l'esprit doit aller au-delà de ce qui lui est donné dans la sensibilité, mais s'il le fait, ses jugements perdent toute validité empirique. A ce titre, l'entendement, qui opère ce dépassement de la sensation est utile, mais il est aussi impossible, puisque Kant le définit comme toujours joint à la sensibilité qu'il forme et informe sans aller matériellement au-delà. Alors, contradiction ? Sans le paradoxe du questionnement qui est sous-jacent à cette interrogation, la question que nous venons de rappeler n'aurait même aucun sens. Pour le résoudre Kant, conscient de la tenaille qui l'enserre, va scinder sa *Critique* en deux éditions, celle de 1781 (où l'entendement ne peut opérer sans la sensibilité, il lui est toujours joint pour atteindre la connaissance du réel) et celle de 1787 (où l'entendement peut aller au-delà du sensible, parce qu'il est autonome, quitte à engendrer des conflits métaphysiques aussi inéluctables qu'insolubles). Il défend donc d'abord une première orientation, qui voit l'entendement produire le savoir conjointement avec la sensibilité, qu'il ne peut dépasser mais seulement mettre en forme dans un idéalisme subjectif et transcendantal, dont se nourrira l'idéalisme allemand après lui (Fichte, Schelling). Et ensuite, se rendant compte que l'entendement ainsi lié ne fait que dupliquer la sensibilité qui ne peut non plus progresser seule, il va rendre autonome cet entendement dans sa réécriture de 1787 de la *Critique*. Là, les conséquences sont tout autres, puisqu'un entendement autonome peut errer et se tromper, que la métaphysique provient de ces errements, ce qui la rend indécidable par rapport à l'expérience et à la science empirique. La seconde édition nourrira la lecture positiviste du néo-kantisme de Cohen et de Cassirer, alors que la première, plus idéaliste, donnera la lecture que Heidegger fera de Kant. Les deux se complètent pourtant, car l'une ne peut se passer de l'autre. La tenaille est là : si je sais ce que je cherche, tout est donné dans la sensibilité, qu'il ne faut outrepasser, et l'entendement est alors inutile, et si le résultat de mon savoir n'est pas donné au niveau de la sensibilité, alors, certes, l'entendement est utile, mais il transcende l'expérience sensible. Pour bien faire, il faut que les deux lectures de la *Critique de la raison pure* coexistent comme deux versions complémentaires, qu'on a bien garde de dire telles, comme si l'on n'avait affaire qu'à des « révisions », voire à de simples éclaircissements d'une même chose. Aujourd'hui, dans toute édition de la *Critique de la raison pure* qui se respecte, on a les passages de la première édition imprimés en regard de ceux « corrigés » dans la seconde. Et ceci, afin de souligner que Kant a bien résolu le paradoxe du *Ménon* : comment puis-je « apprendre » quelque chose de neuf sur le monde s'il est déjà donné, et s'il ne l'est pas, n'est-ce pas une tâche impossible à accomplir, ne sachant même pas ce que je dois chercher ?

La réponse, pour nous, est sans équivoque et ne saurait s'appuyer sur une conception élastique, voire *ad hoc*, du rôle de l'entendement. Il faut que le monde me soit « donné » comme *problème*, souvent au travers de questions successives qui permettent de l'investiguer, de l'interroger, puis de le fixer, grâce au fait que ce sont les questions qui nous font connaître ce que l'on cherche, sans préciser d'avance ce que l'on trouvera. Le monde ainsi est un problème qui se déploie en mille et une questions, auxquelles on répond avant d'aller vers la suivante.

Mais comment savoir ce que je cherche? Quelles sont les questions à poser? Comment déterminer ce qui est à trouver et sur quelles bases le faire, sans tourner en rond? Il faut qu'une question possède en elle un double aspect, celui du connu qui oriente le savoir, et celui de l'inconnu, qui est ce que la réponse doit résoudre. Je dois donc *savoir* ce que je *cherche*, donc *connaître* l'inconnu, l'indéterminé, tout en le laissant se déployer tel quel dans la question, puisque je suis en quête d'une réponse. Comment l'esprit humain procède-t-il en fait? La réponse à cette double contrainte repose sur les *catégories*, et l'opération en question, la *catégorisation*. Elle est au cœur de la philosophie d'Aristote avec ses dix catégories – qui, en grec, sont toutes des interrogatifs – et de celle de Kant, avec ses douze catégories. Une catégorie, qu'elle soit *formellement* un interrogatif ou non, présente la caractéristique de spécifier de quel problème on parle à propos d'une « chose » que l'on interroge : *où* elle est, *quand* elle apparaît et surgit, *où* cela a-t-il lieu et *comment*, mais aussi pour quelle raison, c'est-à-dire *pourquoi*, sans oublier de savoir *combien* de choses ou d'aspects sont concernés. A la base, il faut savoir de *quoi* l'on parle, *quelle* est cette chose : le *qui* ou le *quoi* coexiste avec le *combien*, le *comment*, le *pourquoi*, le *où*, le *quand*, qui sont les catégories que l'on met toujours en œuvre. Dans la langue, surtout assertive, les catégories sont investies par les propositions relatives car, comme toute catégorisation, elles décrivent comme résolu *ce qui* est résolu une fois que c'est fait. Si je dis « Napoléon est le vainqueur d'Austerlitz », je dis la même chose que si je dis « Napoléon est celui *qui* a gagné à Austerlitz », et si je choisis la seconde formulation, c'est sans doute parce que la question de savoir *qui* y a obtenu la victoire s'est posée à un moment donné. Mentionner le *qui* renvoie donc à une question qu'on présente comme ayant été résolue. Comme on le voit également, ces *qui*, ces *quoi* ou *(ce) que*, ces *où*, ces *quand*, etc., sont à la base des termes de notre langage (« vainqueur » est celui *qui*, « Austerlitz » est l'endroit *où*... et *quand*, etc.), termes qui, au fond, ne sont rien d'autre que des condensés de réponse à des questions qui sont résolues, que l'on rappelle à ce titre comme telles. Les termes de notre langage résument la détermination, le savoir à leur propos, des réponses qui ne renvoient donc plus à des questions et qui, en tant que termes – noms ou attributs – n'apparaissent donc plus comme se rapportant à des réponses. Il n'empêche qu'on doit disposer au préalable de réponses en un certain nombre pour comprendre une phrase aussi élémentaire que « Napoléon a gagné à Austerlitz ». Rien que le mot « Napoléon » doit renvoyer à *qui* il est, c'est-à-dire un homme *qui* a fait le 18 Brumaire, *qui* a épousé Joséphine, *qui* est devenu empereur par la suite, etc. Il faut donc savoir, par exemple, *quand* a eu lieu le coup d'Etat et *où* et *comment* cela a-t-il pu se faire. De même que pour saisir et utiliser les termes de « Joséphine » ou de « gagner la bataille », il faut pouvoir mobiliser un nombre évidemment indéterminé et variable de réponses sur la personne, le lieu, l'action elle-même, et pour la bataille, des réponses sur l'action elle-même, ce qui, théoriquement, peut se poursuivre indéfiniment si on questionne ces notions à leur tour, parce qu'il y a un problème pour l'interlocuteur, qui ne dispose pas forcément des réponses adéquates. Ces réponses anticipent les problèmes susceptibles de se poser dans l'esprit de l'interlocuteur en faisant appel à des propositions relatives qui reprennent ces questions, comme si elles les anticipaient en quelque sorte : « L'homme qui est venu hier m'était inconnu », est un bon exemple. Le plus souvent, on fait l'économie de telles relatives, car les termes qu'on utilise sont compris, même vaguement, par les utilisateurs du langage. Ce n'est pas qu'ils connaissent les mêmes réponses sur chaque sujet, mais ils en connaissent suffisamment pour s'entendre entre eux et discuter (si ce n'est pas le cas, alors les questions dont on parlait vont resurgir). L'un ignorera qui est Joséphine, l'autre, peut-être, ce qu'est le 18 Brumaire, mais au bout du compte, ils disposent d'assez de réponses communes sur Napoléon pour en parler.

La catégorisation des problèmes permet ainsi de s'orienter dans le monde, délimitant ce que je cherche, en tant que je le cherche, et prédéterminant, par la forme, pour la question, et par le prédicat, la réponse plus spécifique que j'attends à propos de l'objet. Le prédicat oriente ainsi le type de réponse attendue.

Parlons maintenant du temps et de l'espace, le *quand* et le *où*. Ce ne sont pas des formes de la sensibilité, ce sont pourtant bien des formes de réponse possibles, liées à des interrogations qui se suivent, dans le sens le plus général qu'a ce terme. Le temps est ce qui distingue les questions qui se suivent, lesquelles se refoulent comme questions pour ne laisser surgir que *ce qui* en fait l'objet, créant une différence qui ne peut se traduire que par l'espace. Celui-ci est le lieu où se juxtaposent et évoluent les *objets* de la temporalité refoulée, faisant du présent une présence. Par exemple, je distingue quelques voitures en stationnement dans ma rue, cherchant où est la mienne et où j'ai pu la laisser. Cela prendra du temps de parcourir les objets effectifs de ce processus, que la mémoire articule en séquences spatiale. L'espace est le temps de l'interrogation constitutive refoulée. Le tempo de ce surgissement de l'effectif dans la résolution d'une certaine effectivité donne à la projection (juxtaposition) dans l'espace des objets soumis à ce *tempo* une « objectivité » et une consistance propre qui n'ont plus rien à voir avec le questionnement qui a permis d'en prendre conscience. Le temps mis pour en prendre conscience est donc refoulé et n'apparaissent plus que les objets. Leur dimension d'apparition est l'espace. Espace, temps, ou espace-temps, et subjectivité sont ainsi liés dans le surgissement et l'exposition de ce qui fait problème et assure la solution d'un « monde » stable et indépendant de celui qui y a eu accès. Ce qui est un mode de refoulement. On ne va pas s'embarrasser ici de savoir si l'homme n'est dans le monde que par sa structure d'être (Heidegger), ou plutôt que parce qu'il doit y vivre, y survivre, et y lutter (Darwin, Marx).

TEXTE 2

HANS-GEORG GADAMER

Vérité et Méthode[1]

Nous revenons donc à ce qui est pour nous acquis : le phénomène herméneutique également porte en lui l'originarité (*Ursprünglichkeit*) du dialogue et la structure question-réponse. Le fait qu'un texte transmis devienne objet d'interprétation veut déjà dire qu'il pose une question à l'interprète. Dans ce sens, l'interprétation contient toujours une référence essentielle à la question posée à quelqu'un. Comprendre un texte, c'est comprendre cette question. Or, cela se produit, comme nous l'avons montré, en acquérant *l'horizon herméneutique*. Cet horizon nous apparaît maintenant comme *l'horizon d'interrogation*, à l'intérieur duquel se détermine l'orientation sémantique du texte.

Il faut donc, pour comprendre, que l'interrogation remonte en deçà du dit. Il faut comprendre celui-ci comme réponse, à partir de la question à laquelle il apporte réponse. Mais, une fois *remonté* en deçà du dit, on est nécessairement *allé au-delà* de lui, par la question que l'on pose. En effet, on ne comprend le texte dans le sens qui est le sien qu'en acquérant l'horizon d'interrogation qui, comme tel, comporte nécessairement la possibilité

1. H.-G. Gadamer. *Vérité et Méthode*, trad. fr. E. Sacre, Paris, Le Seuil, 1996, p. 393-399.

d'autres réponses. Ainsi, le sens d'une proposition est relatif à la question à laquelle elle répond; mais cela signifie qu'il dépasse nécessairement ce qui y est énoncé. D'où il ressort que la logique des sciences de l'esprit, comme il ressort de ces considérations, est une logique de l'interrogation.

Nous y sommes, malgré Platon, fort peu préparés. R. G. Collingwood est presque le seul dont je puisse ici partir. Dans une critique spirituelle et pertinente de l'école « réaliste » d'Oxford, il a développé l'idée d'une *logic of question and answer*, sans parvenir, malheureusement, à son traitement systématique. Il a discerné avec finesse ce qui fait défaut à l'herméneutique naïve, qui fonde la critique philosophique traditionnelle. En particulier, la méthode que trouvait Collingwood dans le système universitaire anglais, la discussion des *statements*, est à ces yeux un bon exercice de subtilité peut-être, mais qui méconnaît de toute évidence l'historicité intérieure à toute compréhension. Selon l'argumentation de Collingwood, on ne peut véritablement comprendre un texte qu'après avoir compris la question à laquelle il apporte une réponse. Mais, comme on ne peut tirer cette question que du texte, et qu'ainsi la justesse de la réponse représente le préalable de méthode à la reconstitution de la question, la critique de cette réponse, qui partirait de n'importe où, est pur simulacre. Il en est ici comme dans la compréhension des œuvres d'art. Une œuvre d'art, elle aussi, n'est comprise que si on présuppose son « adéquation ». Là aussi, il faut commencer par saisir la question à laquelle elle répond, si on veut la comprendre – la comprendre comme réponse. Il s'agit là effectivement d'un axiome de toute herméneutique, dont nous avons traité plus haut sous le nom « d'anticipation de la perfection ».

Or, pour Collingwood, c'est ici que se trouve le nerf de toute connaissance historique. La méthode de l'histoire demande qu'on applique la logique question-réponse à la tradition historique. On ne comprendra les événements historiques qu'en reconstituant à chaque fois la question à laquelle l'action historique de la personne représentait la réponse. Collingwood prend l'exemple de la bataille de Trafalgar, qu'explique le plan suivi par Nelson. Cet exemple vise à montrer que, si le déroulement de la bataille nous permet de comprendre le véritable plan de Nelson, c'est pour la raison précise qu'il a connu le succès. Le plan de l'adversaire, en revanche, ne pourrait plus, selon l'auteur, être reconstitué à partir des évènements, pour la raison inverse qu'il a échoué. Dès lors, la compréhension du déroulement de la bataille et celle du plan que Nelson a réalisé constituent un seul et même processus.

[…] La reconstitution de la question à laquelle un texte donné apporte une réponse ne peut pas cependant être comprise comme pure réalisation de la méthodologie en histoire. Car, ce qui est, au contraire, premier, c'est la question que nous pose le texte, le fait que la parole prononcée par la tradition nous atteigne, si bien que sa compréhension inclut toujours, pour le présent, la tâche de se réconcilier historiquement avec la tradition. Le rapport entre question et réponse s'est en vérité inversé. Ce qui est transmis et s'adresse à nous – texte, œuvre ou trace – pose lui-même une question, et fait accéder par là notre pensée à ce qui est en suspens (*das Offene*). Pour répondre à la question qui nous est posée, il faut que nous, à qui elle est posée, nous nous mettions nous-mêmes à questionner. Nous cherchons à reconstituer la question à laquelle répondrait ce qui est transmis. Mais, nous ne le pourrons absolument pas sans dépasser par notre question l'horizon historique ainsi dessiné. La reconstitution de la question à laquelle le texte doit répondre prend elle-même place dans une interrogation plus vaste grâce à laquelle nous cherchons la réponse à la question qui nous est posée par la tradition historique. Une question reconstruite ne peut jamais, comme telle, rester dans son horizon initial. Car l'horizon historique décrit dans la reconstitution n'est pas un horizon véritablement englobant. Il est à son tour compris dans l'horizon qui nous englobe, nous qui questionnons et sommes interpellés par la parole de la tradition.

[...] Nous pouvons dire, avec Collingwood, que nous ne comprenons quelque chose qu'en comprenant la question à laquelle il répond; la vérité est que ce que nous comprenons ainsi ne reste pas, dans sa visée de sens, séparé de la nôtre. Au contraire, la reconstitution de la question qui permet de comprendre le sens d'un texte comme réponse passe dans notre propre interrogation. Car le texte doit être compris comme réponse à une interrogation effective.

Seule cette relation étroite qui se révèle entre questionner et comprendre donne à l'expérience herméneutique sa vraie dimension. Celui qui vise à comprendre a beau laisser en suspens la vérité de ce qui est dit, il a beau s'être replié de la pensée de la « la chose » vers la pensée du sens comme tel, et la viser non pas comme vraie, mais uniquement comme sensée, en sorte que sa possibilité d'être vraie reste en suspens, – cette mise en suspens reste l'essence propre et originelle de l'interrogation. Celle-ci fait toujours apercevoir des possibilités qui se trouvent en suspens. Voilà pourquoi, si l'on peut comprendre une opinion, sans sortir du retrait, sans s'intéresser à ce qu'elle avait originellement en vue, il est exclu que l'on comprenne la question comme telle en se refusant à entrer dans le questionnement effectif. Au contraire, *comprendre le caractère problématique d'une chose, c'est déjà questionner.* Le rapport que l'on entretient avec l'interrogation n'est pas celui qui serait seulement potentiel et se bornerait à un essai, car questionner, ce n'est pas poser, c'est au contraire mettre soi-même des possibilités à l'épreuve. L'essence de l'acte de questionner fait ici voir clairement ce que le dialogue platonicien démontre dans son déroulement effectif. Quiconque veut penser doit se poser des questions. Même quand on dit : « On pourrait poser ici la question suivante… », c'est déjà une vraie question, simplement dissimulée sous le voile de la prudence ou de la politesse.

Telle est la raison pour laquelle comprendre est toujours plus que se borner à reproduire l'opinion d'autrui. Questionner, c'est ouvrir des possibilités de sens ; ce qui fait passer ce qui a sens dans la pensée propre à celui qui questionne. Ce n'est pas au sens propre du terme que l'on peut aussi comprendre des questions que l'on ne pose pas soi-même, une question, par exemple, que l'on considère comme dépassée ou sans objet. Cela signifie alors que l'on comprend comment certaines questions ont été posées dans certaines conditions historiques. Comprendre une question c'est alors comprendre les présuppositions correspondantes qui, devenues caduques, rendent caduque la question elle-même. Car, ce que l'on comprend dans ce cas, c'est précisément qu'ici ne se pose nulle question.

Comprendre une question, c'est la poser. Comprendre une opinion, c'est la comprendre comme réponse à une question.

COMMENTAIRE

LOGIQUE DE LA QUESTION ET DE LA RÉPONSE

L'herméneutique fait partie des grandes approches philosophiques du siècle. L'esthétique et les sciences humaines font l'objet de ses préoccupations essentielles. Son approche s'appuie fondamentalement sur le questionnement, car on ne peut comprendre ni les hommes et leurs actions, ni soi-même, ni les textes, ni les monuments, sans s'interroger, sans les interroger. L'herméneutique n'est-elle pas une forme de dialectique, où l'autre ne répond pas au questionneur, en tout cas pas comme un interlocuteur réel? Sans doute. Mais l'autre répond toujours, malgré lui en quelque sorte. Lui-même est un questionneur, car il ne serait pas l'autre s'il n'était pas, fût-ce implicitement, une question pour nous. Une œuvre, un texte, une présence est comme une question qui nous est adressée, et qui exprime toute sa différence, son altérité, et parfois même son énigmaticité irréductible. Tout ce qui est ancien est à la fois semblable et proche, mais aussi très lointain. En fait, avec le passé, je suis face à une question, souvent avec une multitude de sous-questions, comme lorsque je lis un texte, une action, une pratique, qui sont autant de réponses que je cherche à interpréter. J'interroge alors ce qui est en question et qui est caché au cœur des réponses visibles. Lorsqu'on prend de la distance avec les objets particuliers pour aller vers ce qui est général, c'est là qu'on commence à faire de la philosophie, celle qui se définit comme le questionnement du questionnement, même si, dans ce cas précis, il s'agit d'un questionnement dirigé sur *un* questionnement tout aussi particulier. L'auteur, à l'inverse des interlocuteurs de la vie quotidienne, ne peut répondre ni m'éclairer sur ce qu'il a voulu dire. C'est pour cela que je me livre à une analyse de texte, par exemple celui de Platon, mais sans Platon. La tentation est grande de me dire qu'au fond les questions soulevées par les textes de Platon sont *dans* ses textes, ce qui n'est pas sûr, même si je dois pouvoir néanmoins y trouver les réponses. A l'école herméneutique de Gadamer s'oppose ainsi une autre vision : c'est celle de l'Ecole de la Réception, représentée par Hans-Robert Jauss et Wolfgang Iser. Pour eux, les questions ne seraient pas dans le texte, mais plutôt « dans » les lecteurs, car ces questions évoluent avec eux. On ne lit pas aujourd'hui comme on lisait hier. Les questions et les interprétations qui leur sont données en guise de réponses, sont variables historiquement, une multiplicité qui conforte l'intemporalité des grands textes, leur permanence, des textes qui continuent d'interpeller les hommes au fil du temps, de façon différente et sans cesse renouvelée.

Tout n'est pas aussi subjectif que le prétendent les partisans de la théorie de la réception, comme tout n'est pas aussi anhistorique et scellé dans le marbre de l'œuvre, comme le croient les partisans de l'herméneutique, qui pensent que les textes contiennent a priori, quelle que soit l'histoire subséquente, les questions qu'un texte amène à se poser. Pour l'herméneutique, c'est comme si toutes les questions possibles, soulevées par un texte ou une œuvre d'art, *devaient* se poser inéluctablement, comme dans un processus hégélien d'auto-déploiement, où le lecteur ne serait qu'un instrument passif de ce que l'Histoire imposerait par la suite, selon un plan inexorable.

C'est pour cela qu'il vaut mieux parler ici de dialectique : le lecteur, il est vrai, interroge et si le texte qui contient les réponses l'interpelle en retour en suscitant des questions, c'est quand même dans le texte même qu'on trouve les réponses, de façon dérivée le plus souvent. Le texte sert de rempart minimal à toutes les interprétations qui ne s'y tiendraient pas, mais il conserve malgré elles une grande énigmaticité. D'où la nécessité de l'interprétation. Ainsi, lire un texte, c'est le questionner, comme s'intéresser à quelqu'un, c'est l'interroger ou s'interroger sur lui.

En y regardant bien, ces deux théories de la lecture et de l'interprétation, sont deux visions qui viennent s'inscrire au bout d'une longue liste de théories de l'interprétation et du littéraire. Toujours avec ces mêmes questions : qu'est-ce que le littéraire et comment en saisir le sens ? Allons plus loin : qu'est-ce que le sens *en général* ? C'est ce dont il est question dans ce qui est dit, montré, et qui souvent nous pousse à investiguer du côté de ce qui n'est pas dit, de ce qui est caché, et qui constitue le sens ultime d'une œuvre ou même d'un homme. C'est pour cela qu'on a recours à la sociologie, à la psychanalyse, à l'analyse politique. En une phrase : c'est en réponse à cette problématique du sujet, traversé, imprimé par l'Histoire, par ses pulsions, par ses déterminismes collectifs et personnels, que les sciences humaines se sont constituées.

Si une question est philosophiquement première, parce qu'il n'y a pas de réponse sans question préalable, il n'y a pas non plus de question qui ne soit réponse à des réponses antérieures, qui font donc problème. Cette chaîne s'appelle l'Histoire. Le caractère inaugural du questionnement définit le champ philosophique : il est point de départ, même si historiquement, il se situe dans une chaîne de problèmes et de solutions, d'où il surgit à un moment donné. Dire cela est d'ailleurs philosophique, preuve que ce qui est historique, l'historicité, quoique distinct de la philosophie comme mode de pensée, en relève.

On a au fond quatre grandes écoles, pour expliquer le sens des textes, mais aussi des événements en général, puisque, comme disait Collingwood, un fait historique est une réponse et doit être considéré comme telle. Quatre écoles de pensée, quatre grands moments dans l'évolution des arts, littérature y compris. Cela correspond en fait aux quatre grandes réponses possibles qu'un lecteur peut adresser à un texte ou à toute autre réponse.

1) Il peut lire sans ajouter quoi que ce soit, en suivant le texte *mimétiquement* : la question est dans le texte, et le but de celui-ci en est la résolution. On pense bien évidemment ici au roman policier ou à l'histoire d'amour. Un problème est posé au départ : qui a tué, comment, pourquoi, et à la fin, on espère bien disposer des réponses à toutes ces questions. Pour l'histoire d'amour, la démarche est la même : tout oppose A et B et on se demande bien comment cela va se résoudre pour qu'on puisse dire, à la fin, « et ils se marièrent et eurent beaucoup d'enfants », selon la formule consacrée. La posture mimétique du lecteur le suppose captivé, désireux d'aller jusqu'au bout pour avoir la réponse, et intérieurement, ce mimétisme signifie qu'il reproduit en lui-même l'action, se mettant souvent à la place, par identification (imitation) le héros de cette action.

2) Le texte est plus énigmatique. Surgit alors l'opposition du littéral et du figuré. Derrière les mots, les phrases, il y a un sens caché qui donne sens aux contradictions apparentes et résout les absurdités du littéral. La démarche *herméneutique* est née du souci qu'avaient les Protestants d'offrir une vision cohérente de la Bible. cohérence qui n'apparaît pas à première vue : l'âge canonique de Mathusalem (qui aurait vécu jusqu'à 969 ans), Ismaël, qui aurait été enfanté par Abraham à 86 ans, la chute de Jéricho, dont les murs tombent sous l'effet des trompettes d'Israël, et bien d'autres assertions encore, devaient vouloir dire autre chose, car littéralement, cela pose problème. Le lecteur réinterprète les textes, les requalifie, pour dire peut-être la même chose, mais de façon intentionnellement déproblématisante.

3) La solution est peut-être à trouver chez le lecteur, vu son rôle de plus en plus actif, et c'est ce que défend la théorie de la *réception*, sur laquelle on s'est déjà appesanti.

4) L'Histoire s'accélère encore et l'énigmaticité devient encore plus forte, et là, l'école littéraire qui domine les théories de l'interprétation, c'est la *déconstruction.* Un texte déconstruit sa propre lecture en rendant dérisoire et appauvrissante toute lecture univoque. Le but du texte est désormais de forcer le lecteur à s'en rendre compte. C'est un jeu nihiliste, qui laisse le lecteur devant un univers de questions sans réponse unique, où les réponses, même démultipliées, ne permettent d'ailleurs pas les questions comme telles. D'où la quatrième école de lecture.

La *problématologie*, pour sa part, aux questions, observe qu'il existe implicitement un renvoi aux questions. Elle refuse d'admettre que dans la lecture et l'interprétation il n'y ait pas de réponse à l'issue du processus interpretativo-interrogatif, sous prétexte qu'aucune en particulier ne pourrait s'imposer à l'exclusion d'autres tout aussi valables et cohérentes avec le texte. La lecture problématologique soutient simplement que la pluralité des réponses qui, dans le propositionnalisme, conduit au nihilisme issu de l'impossible univocité, renvoie aux questions qui sont des expressions de multiples alternatives. Dans l'univers propositionnaliste, pas de réponse, donc rien, car il n'y a rien en dehors de l'ordre propositionnel, conformément au nihilisme tel qu'il est soutenu par Nietzsche ou Derrida. Avec la mort du sujet, consacrée par Marx, Nietzsche et Freud, la conscience de soi comme fondement *apodictique* de toute pensée est ébranlée. Rien dans le sujet n'est premier ni fondement : traversé par l'Histoire et l'inconscient, il n'est plus le fondement absolu que Descartes voyait en lui. Dès lors, l'ordre propositionnel est plongé dans le problématique de son fondement, du problématique impensable par le propositionnalisme, sinon pour lui, si ce n'est comme une case vide, un rien. L'ordre des « réponses » s'ouvre ainsi sur des pluralités, toutes indécidables faute de critère ultime de résolution. Comme il n'y a rien en dehors de l'ordre propositionnel que le sujet absolu devenu Rien, cet ordre sans fondement se retrouve à la dérive (d'où le nihilisme), ne pouvant penser le problématique comme tel, puisqu'il a précisément été construit sur son éradication. Pourtant, la nécessité n'a rien de nécessaire : elle n'est qu'une modalité de réponse parmi d'autres. Penser le questionnement *comme tel*, revient ainsi à redonner à la pensée et à la connaissance son vrai fondement, à l'ouvrir sur son socle impensé, et impensable jusqu'ici. Avec la position problématologique, on dépasse et le nihilisme de l'impossible qui s'insinue en lui comme un Rien et le positivisme rassurant de la limitation, déjà instituée par Kant, d'un ordre propositionnel qui n'existerait qu'en tant que *vérifiable* par l'expérience. Avec la problématologie, la pensée s'ouvre ainsi sur son impensé fondateur, qui lui échappait jusqu'ici en raison de sa norme exclusive de réponse. Ainsi, la problématologie fait accéder la pensée à son principe premier, le questionnement. Il faut donc voir autrement la déconstruction de l'univocité, et y repérer en creux le questionnement à l'œuvre. Les arts modernes, l'art abstrait, figuratif, la musique dissonante, la poésie ésotérique (Montale, Aleixandre, Yeats, Eliot, ...), la sculpture non représentative (Brancusi), sont autant de manières traduire la réalité problématique et problématisante (l'urinoir de Duchamp), d'interroger le lecteur, le spectateur, l'auditeur, ce qu'a amené l'Histoire en bouleversant toutes les réponses les mieux établies dans la culture et la société, confirmant ce que le réel soulève toujours de problématique malgré ses assurances provisoires, le plongeant dans les métaphores « visibles » les plus énigmatiques.

Mais revenons à l'herméneutique et à ce qui en explique le surgissement historique. Elle fait partie de quatre moments- clé de réponse, qui correspondent, si l'on y regarde bien, à quatre curseurs de la problématisation accrue, et qui finit par pouvoir être thématisée de plus en plus comme telle, au moment où – enfin –, elle peut devenir son propre objet, sans plus se déplacer dans autre chose qui, comme dirait Heidegger, la voilerait encore dans son être.

Si on reprend la liste de nos quatre grandes visions du sens et de l'interprétation, on observe, non sans étonnement – mais cela n'est pas un hasard – qu'elles correspondent en fin de compte aux quatre grandes modalités du répondre et aux quatre types d'auditoires possibles : on peut soit approuver en répétant, soit modifier, soit ajouter, soit questionner expressément le propos. Bref, il n'existe que quatre types d'auditoires en rhétorique. Cela varie évidemment avec le caractère problématique du texte, de la réponse, et en général avec ce qui est dit par l'orateur. Pour le champ littéraire et interprétatif qui correspond, cela donne symboliquement :

> = : pour le mimétisme, qui reproduit le littéral (Aristote)
> ± : pour l'herméneutique, qui modifie ce qui est dit en y introduisant du sens figuré. (Gadamer)
> + : pour la réception qui voit dans le lecteur celui qui ajoute ou même crée du sens. (Iser et Jauss)
> – : pour la déconstruction, qui « nihilise » toute réponse parce qu'aucune en particulier, n'est réponse (ce qui vaut pour toutes). (Derrida)

La problématologie, elle, intègre toutes ces possibilités comme autant de modalités de traiter le problématique, selon qu'il est plus ou moins explicite. Il y a une loi qui rend compte de tout ce qui a été dit. Je l'ai appelée la *loi de problématicité inversée*. Que dit-elle au juste ?

> Plus le problème est spécifié explicitement par le texte, plus celui-ci sert à en déployer la résolution, plus le discours est littéral, et plus auteur ou narrateur et lecteur sont proches en se situant dans un monde commun sur lequel chacun s'appuie. A l'inverse, moins le problème est stipulé, plus il faut que le texte exprime cette problématicité, plus son langage sera figuratif, énigmatique, et plus le lecteur sera en charge du sens du répondre, vu qu'il faut suppléer à un langage de moins en moins commun pour trouver ce qui n'est pas explicitement dit.

Voilà pourquoi on passe de la mimétique à l'herméneutique, ensuite à la réception, puis à la déconstruction et enfin à la problématologie, où ne reste plus du texte que le problématique qu'il révèle et exprime. On ne peut le traiter *comme* tel si on n'a pas fait table rase au départ du propositionnalisme qui avale l'interrogativité comme une néantisation de lui-même.

La force de la lecture problématologique est non seulement d'expliquer tout cela, mais surtout de donner un crédit nouveau aux questions sans les assimiler à un manque, à une faille de la raison qui, parce qu'elle n'était que propositionnelle, s'est écrasée sur sa base. Faire explicitement la différence problématologique (qui est celle des questions et des réponses, jusqu'à faire des questions, enfin, l'objet des réponses) est la clé et l'exigence absolue de la pensée. Penser, c'est questionner, et questionner, c'est penser. Le refoulement des questions hors des réponses, leur marquage différentiel, permet à cette différence de se maintenir à travers l'Histoire malgré la variabilité qui l'affecte. Une seule constante, la différence problématologique, elle-même modalisée, qui assure ainsi l'unité de la pensée humaine, de l'esprit, qui toujours anime les hommes par-delà, malgré et dans l'Histoire. Questionnement, donc historicité.

TABLE DES MATIÈRES

Imprimé en France par CPI (139404)
Dépôt légal : janvier 2017